GWIN Y GWAN
a storïau eraill

R H Jones

Gwasg Gwynedd

Argraffiad Cyntaf — Mawrth 1994

© R. H. Jones

Cedwir pob hawl. Ni chaniateir atgynhyrchu unrhyw ran o'r cyhoeddiad hwn na'i gadw mewn cyfundrefn adferadwy na'i drosglwyddo mewn unrhyw ddull na thrwy unrhyw gyfrwng electronig, electrostatig, tâp magnetig, mecanyddol, ffotogopïo, nac fel arall, heb ganiatâd ymlaen llaw gan y cyhoeddwyr, Gwasg Gwynedd, Caernarfon.

Dymuna'r cyhoeddwyr gydnabod cymorth Adran Olygyddol y Cyngor Llyfrau Cymraeg.

Cyhoeddwyd ac argraffwyd gan Wasg Gwynedd, Caernarfon

Cynnwys

Gwin y Gwan	7
Deif Bomars	17
Y Paragon	23
Jean Louise	33
Siop Gryffis	42
Moch Bach a ballu	51
Ned Palu 'Mlaen	58
Helyntion	66
'Rwy'n Eiddo i Ti'	70
Rhyw Fatar Bach!	78
Teulu	84
Ledi Offilia	96
Y Briodas	109
Unigrwydd	116

Gwin y Gwan

Bora dydd Sadwrn braf ydoedd ac roedd 'rhen ddyn, John Henry Archer, yn gweiddi fel gorila ar waelod y grisia,

'Cod o dy wely y cythril bach, ne mi rostia i dy din di!'

Nid 'cythril bach' oedd 'runion eiria nâth o'u defnyddio. Rhyw eiria bach pedair llythyren wedi'u hymestyn fymryn fydd cono yn ddeud fel arfar ond fiw i mi roi'r rheiny ar bapur. Henry John Archer ydy fy enw i, ac rwy'n wythfed plentyn fy mam a fy nhad. Hefo enw fel yna mi ellwch ddychmygu be ydy fy ffugenw. Ac os ydy John Henry Archer yn dad i Henry VIII, on'd oedd o'n naturiol i'r hen foi gâl 'i alw'n Henry VII?

Tin y nyth ydw i, medda Mam. Ma' Mam yn dŵad yn y dechreuad o'r wlad, rhyw le rhyfadd lle ma' pobol yn mynd ar 'u glinia i sugno gwarthaig. Dyna'r ffordd ma'n nhw'n 'i dewis i gâl llefrith, ac nid mewn bocsys cardbord ar garreg y drws fel pobol gall y dre. Cafodd 'rhen ddyn ddau o blant allan o ryw lefran ifanc yn ystod 'radag pan ddaru o adal Mam am sbel. Dŵad yn 'i ôl, fel hen gi â'i gynffon rhwng 'i afl, nâth o, a fi oedd canlyniad y *welcome home*. Ma'r ddau hogyn gafodd o allan o'r hogan honno yn mynd i'r un ysgol â fi a does arnyn nhw ddim isio nabod 'u hannar brawd o achos ma'u mam nhw wedi priodi'n dda. Weithia bydd 'rhen ddyn a Mam yn ffraeo o un pen i'r wsnos i'r llall, ac yna ar bnawn Sul byddan nhw'n mynd i fyny'r grisia ac yn rhoi clo ar ddrws y llofft. Caru ma'n nhw, medda Jean Louise, yr unig un o'r 'plant' 'blaw fi sy'n dal i fyw adra. Chwara teg iddi, mi nâth egluro'n glir iawn be ma' hynny'n olygu, er nad oedd yn rhaid iddi chwaith. Rwy'n gwbod y ffeithia erstalwm.

Codis o 'ngwely ar frys gwyllt a mynd lawr y grisia i ista o flaen mynydd o ffa pob ac un ŵy bach, unig, yn swatio'n fflat fel crempog odanyn nhw. Roedd y sleisan facwn oedd ar ymyl y plât yn wyn fel wynab dyn wedi câl gormod i'w yfad.

'Bore da, Nain,' meddwn i'n ddigon sifil, ond roedd 'rhen ddynas eisoes wedi cymyd coblyn o naid i ganol byd y teledu! Dyna lle'r oedd hi'n serennu ar y bwletin newyddion. Roedd twmpath o bwdin gwaed a bara saim yn gwenu'n oeraidd o'i blaen.

'Be ma' Clinton wedi'i neud heddiw, Nain?'

Gofyn i fod yn boléit. Does gin i ddim mymryn o ddiddordab ynddo fo na'r bandit Bush hwnnw nac yn y cowboi oedd yno o'i flaen o.

'Shysh!'

Bydd Nain yn rhoi punt a hannar i mi bob yn ail ddydd Sadwrn a phunt bob Sadwrn arall. Gyda'r pres byddaf yn prynu boliad o sglods a thocyn i fynd i'r Cae Ffwtbol i weld yr Iwneited yn curo pob tîm arall o dan haul. Weithia, pan fydd pres yn brin, bydd John Deric a Wil Ffanni a finna yn câl mynediad i'r cae heibio styllan rydd sy yn y wal bren.

Wyddoch chi'r hen ffos 'na sy'n yr 'Uplands', honno sy'n llawn joc o hen betha dal Morning Fresh a Bleach Seven, ma' 'na ddega o rai tebyg yn rhedag i lawr bocha Nain, rhai sy wedi sychu'n grimp ers blynyddoedd. Ma'i hwynab hi'n debyg i groen orenj wedi sefyll am wsnosa mewn bin sbwriel. Yn y teli mae hi'n byw, fwy na heb, ers blynyddoedd, ond weithia bydd yn dŵad allan i'n byd bach ni am dro, yn enwedig pan fydd Mam yn diffodd

8

y set, i'w harbad rhag berwi'n sych, chwadal hitha. Bora heddiw doedd ganddi fawr ddim i'w ddeud pan ddaru 'rhen ddyn, am unwaith, droi'r swits a dŵad â hi'n ôl aton ni. Drwy lwc, y mae'n cofio am y bunt a hannar y munud y gofynnaf iddi a oes angan mynd i edrach am Yncl Edi. Cadw tafarn y mae Yncl Edi, brawd 'rhen foi, ond yn ôl pob golwg dydy'r dafarn ddim yn 'i gadw fo. Ma' Anti Jil yn llnau Swyddfa'r Cyngor yn lle bod yn farmed go-iawn.

'A chofia di, dwy botal o Win y Gwan, cyn mynd i'r hen gêm ffwtbol 'na.'

Llog wsnos ar yr arian a fenthyciodd Nain i Yncl Edi er mwyn iddo gâl prynu'r busnas ydy'r ddwy botal ginis. Erbyn iddi dalu i mi am fynd i nôl y poteli, prin 'i bod hi'n câl 'run geiniog o elw ar 'i buddsoddiad.

'Pa mor hir rwyt ti'n mynd i ddiogi yn fan'na?' Daw llais y gorila i'm sgrytian allan o'm breuddwydion. Daeth 'rhen ddyn i'r stafall o'r gegin fach gan sychu'r cylch o sôs coch sy o gwmpas 'i geg gyda'r lliain golchi llestri. Gwn yn iawn beth sy'n y gwynt, gwaith a mwy o waith! Llwyth o hen betha yn disgwyl i gâl 'u cario yma ne oddi yma. Un da ydy *o*, yn deud fy mod i'n ddiog a fynta'n rhy swrth i gau careia'i sgidia. Ma'i wallt fel brws bras du, gyda llinella gwyn henaint yn amlwg yma ac acw. Na, chaiff o ddim gafal ar lefran ifanc i redag i ffwrdd hefo fo byth eto. Mwya'r piti!

Y mae'r lori'n sgrytian yn boenus fel petai'n diodda o gryd cymala, ac ma' 'rhen ddyn yn gwenwyno 'rawyr hefo mwg tyrcs sy'n gleuo'n union fel hen sana chwyslyd wedi câl 'u taflu'n syth i ganol y tân. Rwy'n troelli'n belan fach ar ymylon y sêt — cyn bellad ag y medra i oddi wrth yr ogla uffernol. Y mae'r strydoedd yn gwibio i'w gilydd fel tasan nhw'n rhedag drwy fennydd dyn wedi meddwi. Y mae'r goleuada traffig yn wincio — coch, melyn a gwyrdd yn rhwla tu ôl i fy llygid. Âth yn ymladdfa go iawn rhwng y darn bacwn a'r ŵy, y ddau am y gora i fod yn gynta i fyny. Drwy lwc arhosodd y lori cyn i hynny ddigwydd.

Safodd o flaen rhesi o fynglos gwych, pob un ohonyn nhw'n jarffio yn 'i ardd 'i hun a choed o bob pedigri yn glwstwr o'u cwmpas. Ma' 'na hyd yn oed goed Pysl Mwnci yn un ohonyn nhw. Neidiaf i lawr o'r lori ac agor a chau ac agor a chau fy ngheg, yn union fel un o'r sgods bach 'na yn siop Little Playthings.

Ma' 'rhen foi yn ceisio câl trefn ar biga'i wallt. Ar ôl câl 'i blesio i radda y mae'n cerdded at ddrws y bynglo glas ac yn canu'r gloch. Does dim angan gwydra i weld 'i fod o'n ffansïo'r pisyn benfelan sy'n atab yr alwad. Dydy o'n ddim ond hen groc o'r *Third Division* o'i gymharu â honna. Ma' hi'n *Premier*, ar 'i phen! Llwyth o bibelli plwm wedi 'u tynnu o dŷ rhywun arall ydy'r trysor yn y garej ac ma' 'rhen ddyn yn 'i dilyn hi yno yn llygid i gyd. Mae o'n talu crocbris amdanyn nhw; 'i lgada fo wedi croesi'i gilydd, siŵr o fod.

Awn wedyn i nôl llwyth o'r byrdda a'r cadeiria bach hynny sy'n câl 'u gosod o flaen tafarna yn yr ha' er mwyn i bobol gâl soslo'u hunain yn 'rawyr iach. Ar y ffordd i neud y drydedd alwad dadlwythwn y plwm. Collad ariannol arall, siŵr dduwcs! Merchaid a diod lob ydy gwendida 'rhen foi.

Erbyn inni gyrradd adra ma' Nain yn 'i sêt arferol yn gwrando ar Sant a Grifsi yn paldaruo lol a Mam ar y soffa yn smygu fel trên. Ma'i thrwyn yn sownd wrth y *Sun*. Does 'na ddim arwydd o ginio yn unman, ond, diolch byth, ma' pres Nain yn llosgi yn fy mhocad.

Gwibiaf i lawr y stryd fawr gan weu i mewn ac allan ac allan ac i mewn o sawl twr o bobol a rhoi hergwd fach slei yma ac acw. Yn ôl 'i arfar paciodd Yncl Edi y poteli mewn trwch o bapura newydd i atal sŵn euog gwydr yn trawo yn erbyn gwydr. Rhaid cofio nad ydw i'n ddim ond hogyn ysgol. Ar ôl câl 'u gosod mewn bag plastig y mae'r cyfan yn edrach mor ddiniwad â negas wsnos hen wraig.

'Hei!' gwaeddodd Yncl Edi, a finna hannar y ffordd i gyfeiriad y drws allan. Trois i wynebu 'i focha pinc tywyll fel 'rawyr cyn storm, y llygid cochion lliw jam mafon a'r trwyn bocsar wedi rhoi'r gora iddi.

'Sut ma' 'rhen dlawd?'

Tawn i ddim yn gyfarwydd â gweld 'i wynab cloc bob pythefnos mi faswn yn taeru bod deigryn ne ddau yn loetran yng nghorneli 'i lygid, ond effaith di-tis ydy hynna, ne dyna be ddeudodd 'rhen ddyn wrtho pan ddaru'r ddau ffraeo, unwaith rioed, chwara teg!

'Iawn, diolch,' gwaeddis yn ffwr-bwt yn ôl f'arfar. Pam na ddaw o i edrach amdani hi? Weithia!

Ar fy ffordd i lawr y stryd dof wynab yn wynab â John Deric a Wil Ffanni.

'Hei! Ble'r wyt ti'n mynd, Henry VIII?'

'Mynd â'r poteli 'ma'n ôl i Nain.'

Drychodd John Deric ar 'i wats arddwrn, un ddel wedi'i phrynu yn Tamco medda fo. O Tamco y dâth hi, beth bynnag!

'Does gen ti ddim amsar, wasi. Mi golli'r bws a chei di ddim sglods na gêm wedyn.'

Rhois fy llaw ar 'mhen i bwyso'r sefyllfa yn iawn. Gallwn, fe allwn redag adra, plesio Nain a cholli rhan o'r gêm yn y fargan. Ar y llaw arall gallwn fynd gyda'r hogia a phlesio'r hen wraig, yn y pen draw felly. Prin y basa Nain fawr dicach petawn i'n cyrradd adra deirawr yn hwyr. Felly dyma benderfynu mynd â'r poteli gyda mi i'r gêm.

Steddis yn rêl hogyn bach diniwad ym mhen blaen y bws wrth ymyl y dreifar. Pan ddechreuodd John Deric godi twrw gyda rhyw foi hefo gwallt fel hoelion wedi câl 'u sticio at i fyny, roeddwn i'n gneud yn siŵr fy mod i'n edrach ar rwbath oedd yn digwydd ar y stryd yr eiliad hwnnw — mwngral bach budur yn codi'i goes i arllwys 'i wenwyn ar bostyn lle aros bysys. Ia'n tad, hogyn bach cyfrifol iawn oeddwn i am weddill y daith honno.

Ma'r hogia'n sefyll ar stepia'r Cae Ffwtbol gan sglaffio'r sglods a'r sgods a gwylio pob symudiad ar y cae fel tasa 'u bywyda nhw'n dibynnu ar yr hyn sy'n digwydd ar y llwyfan mawr, gwyrdd. *'Up! Up! Up the United!'* Un gri fawr, unedig o'r ochor rad, a gwŷr mawr y pres — pobol dipyn bach mwy sidêt — yn gneud sŵn fel eco wedi'i gloi mewn tun sardîn. Mae fy nghalon yn berwi drosodd! Mae fy mhen ar dân! Am fod 'na un ar ddeg o gewri ar cae rwyf inna'n gawr am chydig. Yna dyma fiwsig *'You'll Never Walk Alone'* yn llithro fel sioc drydan ar draws y cae a phawb, ond rhai sy'n canu, yn mynd yn fud am eiliad. Ma'r gêm yn cychwyn a rhyw glown yn dechra malu awyr yn syth bin.

'Pwy oedd dy dad ti, Reff?'
'Oedd o'n ŵr go-iawn i dy fam?'
'Offseid! Offseid!'
'Dewadd, ma' fo isio sbectol.'
'Sbenglas, wasi. Gwaelod pot jam, Reff!'
'Cicia fo! Cicia fo yn 'i . . .'

Pan ddangosodd y Reff gerdyn coch i'r angal bach, John Angel, chwe throedfadd a thair, ein cawr mawr ni yng nghanol y cae, dyma'r hogia'n câl y myll, yn neidio dros ffensys, fel tasan nhw'n y Grand National, ac yn sgrialu i gyfeiriad y Reff. Pawb ond fi!

'Tyrd yn dy flaen, yr Henry VIII ddiawl!' gwaeddodd John Deric dros 'i ysgwydd wrth ryddhau'r belt oedd am 'i ganol.

'Ma'n rhaid imi aros hefo hwn!' atebis gan roi cic i'r bag oedd wrth fy nhraed.

Gadawyd fi'n ddigon unig ar yr ochor rad. Does 'na ddim byd mwy cynhyrfus na châl rhuthro fel yr US Cavalry i ganol cae a'i feddiannu i gyd am chydig eiliada. Cefnogwyr y tîm arall ydy'r unig elynion sy'n aros yno o achos ma'r Reff a'r ddau dîm yn diflannu pan glywan nhw ogla twrw. Nid yn y cwffio ciaidd y ma'r hwyl ond mewn câl rhedag nerth traed nes bydd 'ych calon chi'n mynd fel peiriant moto-beic a chitha'n câl herio'r plismyn a châl camu yn ôl traed y Cewri. Eiliada ar benna'r cymyla cyn i'r gleision ddŵad yn don ar ôl ton i'n canol ni. Yna ma' dwy goes yn troi'n biston a ninna'n mynd fel diawliaid i gyfeiriad y clawdd cerrig a throsto fo i ganol y dyrfa.

Dâth y ddau'n ôl yn gynt nag oeddwn i'n ddisgwyl. Roedd John Deric fel jeli a Wil Ffanni'n methu â thorri geiria.

'Ma' 'na foi wedi câl cyllall yn 'i fol,' sgyrnygodd John Deric rhwng 'i ddannadd.

'Y?'

'Cyllall yn 'i fol. Ma' fo'n poeri gwaed ar ganol y cae 'na!'

Mewn chwinciad chwannan roedd y plismyn bron yn ein sathru. Pedwar o betha mawr bob ffordd, yn sythu o'n blaena fel coed derw, a bargodion eu helmeda bron â mynd ar goll yn yr haul.

'Draw at wal 'na!' medda un yn flin. 'A chditha hefyd!' medda fo wrtha i. 'Be sgenti yn y bag 'na?'

'Negas i Nain!'

'Gad i mi weld!'

'*Officer!*'

Dyna lais newydd. Doeddwn i ddim wedi gweld y dyn o'r blaen a faswn i ddim wedi sylwi arno fo chwaith oni bai 'i fod o wedi f'achub i rhag gorfod mynd i'r carchar.

'Ia!' atebodd y plisman yn flin. Dydyn nhw ddim yn hoffi câl 'u styrbio ar ganol 'u busnas. Tynnodd y dyn gerdyn o'i bocad a daliodd ef o flaen trwyn y plisman. Welsoch chi rioed y fath gyfnewid. Mewn eiliad a hannar roedd o'n syrio nes roedd o'n prysur fynd yn gryg, ac yn ddigon parod yn ôl pob golwg i rwbio'i drwyn yn y baw. Dyna'r pryd y daru'r dyn diarth ddeud nad oeddwn i wedi rhedag i ganol y cae.

Doedd 'na fawr o bwrpas i mi aros o gwmpas wedyn a'r gêm wedi dŵad i ben yn gynnar. Cyn mynd sylwis ar blisman yn gafal yng nghyllall Wil Ffanni druan. Y ffŵl gwirion! Sawl gwaith y deudis i a John Deric wrtho fo nad oes 'na fawr o synnwyr mewn cario cyllall, yn enwedig os nad ydach chi'n bwriadu 'i defnyddio hi.

Roedd 'rhen ddyn a Mam yn ffraeo fel coblyn pan gyrhaeddis i adra a doedd 'na ddim golwg o Nain yn unman. Es trwodd i'r gegin fach rhag ofn 'i bod hi'n edrach ar teledu-dim-lliw, ond doedd hi ddim yno chwaith. Yn ara y cyrhaeddodd rhyw dameidia bach o'r ffrae fy nghlustia — rhyw eiria diarth braidd fel swiriant, claddu a llosgi. Yna gwaeddodd Mam dros bobman â'i llais fel hwtar llong i lawr yn yr harbwr.

'Ella ma' dy fam di oedd hi, ond fi oedd yn gorfod 'i diodda hi. Rwy'n haeddu pob dima goch y delyn. A thitha'n meddwl am ddim ond am 'u gwario nhw hefo Edi.' Ac yn y blaen ac yn y blaen fel dwy o wlanod y môr yn rhegi'r glaw. Pan flinodd y ddau o'r diwadd ces gyfla i holi ble'r oedd 'rhen ddynas.

'Wedi cicio'r bwcad,' medda 'rhen ddyn. 'Fel'na,' medda fo gan glecio'i fys a'i fawd.

'Yn y llofft,' medda Mam pan fentris ofyn cwestiwn arall. 'Ond paid ti — ar boen dy fywyd — â mynd yno i fysnesu. Cofia di 'i bod hi, erbyn hyn, yn oer fel cig newydd ddŵad allan o'r ffridj!'

Ar ôl cysidro dipyn go lew, es i fyny'r grisia'n ddistaw bach ac es i mewn i'w stafall hi. Roeddan nhw wedi'i gosod hi i orwadd ar y gwely yn 'i sgidia ac roedd 'na gynfas wen dros 'i hwynab. Codis ochor y gynfas a dyna lle'r oedd Nain yn wên fawr o glust i glust ond roedd 'i llygid yn llonydd fel dau bwll bach o ddŵr wedi rhewi. A wyddoch chi be, wrth edrach arni hi, fedrwn i ddim peidio â gwenu chydig bach fy hunan wrth gofio am y tro cynta y dâth hi aton ni i aros. Meddwl am Jim, hogyn Yncl Edi, a finna yn mynd i'w llofft yn noethlymun groen ac yn dawnsio o gwmpas gan chwifio ein hen betha bach.

Oeddan, roeddan ni'n dipyn o fêts er gwaetha'r ffaith 'i bod hi'n mynd ar goll yn y teledu weithia. Penderfynis y basa fo'n beth neis i mi gynnal rhyw seremoni fach, rhwbath yn debyg i be fyddan nhw'n neud wrth ymyl y Garrag Goffa. Pa ffordd well i ddeud Ta-ta wrthi hi na gneud fy fersiwn i o ddawns Marwolaeth yr Indiaid Cochion o gwmpas y gwely? Dyna'r oeddwn i'n geisio'i neud cyn ddistawad ag y medrwn i pan ddâth Mam fel taran i'r stafall a fy nhynnu i lawr y grisia gerfydd un glust a fy nhaflu'n syth i gadar Nain.

'Be sarnat ti, y llymbar gwirion, yn dawnsio yn dy sgidia budron ar y *Real Persian Carpet* 'na, a'r hen ddynas wedi talu ffortiwn amdano fo! Pwy sy'n mynd i'w brynu fo ac ôl dy hen draed di arno fo?'

Ar ôl iddi fynd ces hyd i'r bag, gyda'i ddwy botal, wrth droed y gadar. Es â nhw allan hefo mi i waelod yr ardd. Fan'no y bydda i'n mynd pan fydda i isio meddwl. Fydd 'na neb arall yn mynd ar gyfyl y fath le. Mi fydd Mam yn deud yn amal bod 'na 'nialwch yno ers dyddia Lloyd George, pwy bynnag oedd hwnnw. 'Rôl cysidro dipyn gosodis y ddwy botal ar ben bonat rhydlyd sgerbwd Ostin mawr, hen fel pechod, a dechra'u pledu nhw hefo lympia anfarth o gerrig. Trawodd carrag un botal nes y cododd hi fel jet i 'rawyr a syrthio i ganol y 'nialwch.

Torrodd top ac un ochor potal arall, a dechreuodd 'i chynnwys ddiferu'n ara deg bach i lawr i'r pridd. Yn yr haul roedd o'n frowngoch, yr un lliw â'r gwaed welis i yng nghyffinia'r lladd-dy. Hen waed yn ceulo'n frown wrth gyffwrdd y pridd.

Deif Bomars

Pan fu'n rhaid i Wil Ffanni fynd i Ysgol Plant Drwg am ddwy flynadd o addysg bellach doedd gin i ddim ffrindia go-iawn wedyn ond John Deric. Ma' 'na rwbath yn ddigon ffeind yn John Deric er gwaetha'r ffaith fod ganddo ddwylo blewog. Er hynny, un o'i feia mwya-yn-golwg ydy 'i barodrwydd i agor 'i geg yn rhy amal o beth ofnadwy. Os digwyddwn ni fynd heibio giang o hogia sy allan yn chwilio am drwbwl ma' John Deric yn siŵr o agor 'i hopran. Mi fydd yn gweiddi *fatso* ne *skinhead* nerth 'i ben, ac wedyn mi fyddaf yn gorfod rhedag a rhedag nes bydd fy nghalon yn rasio fel injan car yn Brand's Hatch a fy 'senna ar dorri'n 'u hannar. Swatio mewn entri ar ôl hynny a chyffio wrth drio peidio â styrbio rhyw hen gath fydd yn siŵr o chwythu 'i sbeit arnom, a thynnu sylw'r giang fawr. Basa rhywun yn fwy parod i fadda iddo fo tasa fo'n dysgu bod yn gallach ar gyfar y dyfodol.

Gan John Deric y ces i fy unig bâr o sgidia ffwtbol, rhai digon da er 'i fod wedi 'u taflu heibio oherwydd 'i fod o wedi llwyddo i gâl rhai newydd crand o rywle. Doedd 'rhen foi ddim yn barod i brynu sana ffwtbol, hyd yn oed, i mi, ond mi wnes y gora o rai gwynion at y pen-glin, a oedd yn perthyn i Jean Louise yn ystod 'i dyddia ysgol. Taswn i wedi ceisio dilyn Yncl Edi, fel roedd o'n 'i ddyddia gora, mi fasa 'rhen ddyn wedi gwario ffortiwn ar fenig a sgidia bocsio. Yncl Edi ydy 'i arwr o hyd, er nad ydy hwnnw fawr gwell na baw sgidia erbyn hyn.

Roedd John Deric yn chwara yng nghanol cae i'r tîm dan bymthag pan ddâth Sigâr i'w lordio hi ar y lein. Dim ond un ffordd y gall John Deric chwara, gyda'i holl galon a gyda'i holl nerth. Yn amal ar ddiwadd gêm byddai smotia o waed ar 'i grys, gwaed fo 'i hun ne waed rhywun arall. Pan ddâth y gêm i ben dyma Melltan, y Co Chwaraeon, yn deud bod Sigâr yn sgowtio i Arsenal a'i fod o awydd deud 'i ddeud. Sôn am siarad! Dyna'r siaradwr hira glywis i rioed. Bron cyn hirad â'r rhestr o glybia y bu o'n chwara iddyn nhw, er na chlywis i rioed 'i enw fo cyn y diwrnod hwnnw! Pan orffennodd o chwythu dyma pawb yn gollwng ochneidia o ryddhad cyn rhuthro allan fel diawliaid i 'rawyr iach.

'Hei!' medda Melltan gan afal fel cranc yn f'ysgwydd. 'Lle wyt ti'n meddwl wyt ti'n mynd, y llyffant bach?'

'Allan.'

'Dim eto! Ma'r gŵr bonheddig isio gair ne ddau hefo ti.'

A finna'n meddwl 'i fod o wedi deud digon o eiria'n barod.

'Sut fasat ti'n lecio chwara i fy nhîm i, ryw ddiwrnod, boio?' oedd cwestiwn cynta'r swigan wynt. Mi nâth y cwestiwn neud i mi deimlo fel petai rhywun wedi fy nharo ym mhwll y gwynt.

'Pwy, fi?' gofynnis o'r diwadd, yn methu câl dros y peth.

'Ia, chdi! Rwyt ti'n chwaraewr addawol, dipyn yn fychan ella, ond mi dyfi hefo gofal a rhyw stecan ne ddwy. Ma' chwara ffwtbol yn waith sy'n talu'n dda dyddia yma, w'sti. Sut fasat ti'n lecio ennill mil o bunna'r wsnos? Dim syth bin, ond rywdro.'

'Mil o bunna! Dew, mil! Ew, baswn!'

'Oreit ta. Mi fydd yn rhaid i mi gâl gweld dy gardian.'

'Pwy?'

'Dy bali tad!'

A dyna'r broblam! Pan fydd 'rhen ddyn yn gwithio fydd o ddim adra, a phan fydd o ddim yn gwithio anamal iawn y bydd o adra. Pan fydd o ddim adra a ddim yn gwithio fe alla fo fod yn y Con. Club ne'r British Legion ne hefo Yncl Edi, y ddau am y gora yn ceisio meddwi 'i gilydd a gorffan o dan y bwrdd. Hefo Yncl Edi roedd 'rhen foi, a'r ogla wisgi ar 'i wynt yn ddigon cry i yrru Jymbo Jet 'rholl ffordd i Dde Affrica. Gwthiodd y swigan wynt glamp o sigâr i geg 'rhen foi, gan roi taw sydyn ar 'i hen lol gwirion o.

'Reit,' medda'r dyn pwysig ar ôl i 'rhen foi arwyddo. 'I lawr acw yn ystod y gwylia i ymarfar. Ac amball ddydd Sadwrn hefyd er mwyn i ni gâl mysyls ar y coesa 'na. Rydach chi'n cytuno?' gofynnodd i 'rhen foi cyn 'madal. Fedra hwnnw neud dim ond wincio fel uffarn a nodio'i ben bob yn ail â chwythu mwg o'i geg yn gymyla drewllyd. Doedd 'na ond un peth yn fy mhoeni. Mi fentris ofyn cwestiwn.

'Pam na chaiff John Deric ddŵad hefyd?'
'Y bachgan mawr 'na. Chwaraewr canol cae ne gefnwr. Ma' gynnon ni filoedd ohonyn nhw. Rhai bach sydyn fel Beardsley, fel roedd o'n 'i ddyddia gora, ne Gassa fel mae o heddiw, rhai sy'n medru 'mosod fel cobra, dyna be sy arnon ni'i isio.' Dewadd, mi dyfis hannar modfadd wrth 'i glywad o'n fy rhoi i yn yr un cae â'r cewri! Hen dro nad oedd John Deric yn câl mynd hefyd.

Yn ystod yr ha' hwnnw, rhwng y ffwtbol a phopeth, collis olwg ar John Deric am fis a mwy. Ymarfar bob dydd, llnau sgidia'r prôs a helpu'r dyn-bob-dim i gadw'r cae mewn trefn, dyna stori fy mywyd am chydig. Pan ges i fynd adra o'r diwadd doedd 'na ddim ond wsnos o wylia ar ôl. Drwy lwc roedd 'rhen ddyn, ar ôl câl gafal ar arian Nain, wedi cychwyn rhyw fath o ras hefo Yncl Edi — am y cynta i fynd yn chwil bob nos. Weithia byddai'n llusgo adra ar goesa matsys ac yn cysgu fel cwrcath, yn 'i dor ar lawr y gegin. Yn fwy amal na phidio doedd o ddim yn boddran dŵad ar ein cyfyl ac roedd hynny yn fy siwtio fi'n iawn.

Chwiliais yn hir am John Deric. Pan welis i o o'r diwadd dyna lle'r oedd o'n pledu'r elyrch yn yr harbwr hefo cerrig mawr gymint â fy mhen.

'Hei-o!' gwaeddis o bell ond doedd 'na fawr o arwydd croeso ar 'i wynab llwyd. Roedd o'n ddigon anfodlon i adal i mi fynd hefo fo ar ryw negas ne'i gilydd i ble bynnag. Nâth o ddim deud 'tyrd' o gwbwl a ches i ddim gwahoddiad i gerdded wrth 'i ochor, dim ond llusgo o'r tu ôl iddo fel ci bach ar dennyn.

Yn y man daethom at bump ne chwech o hen dai wedi gweld 'u dyddia gora, a'r byd yma wedi hen fynd heibio iddyn nhw. Arhosodd John Deric wrth ymyl un o'r drysa a chanodd y gloch.

'Dos i'r diawl!' medda fo'n gas, ond roedd dynas ganol oed, neis yr olwg arni hi, wedi agor y drws cyn i mi gâl siawns i gychwyn.

'Dowch i mewn, John,' meddai'n serchus. 'A dowch â'ch ffrind gyda chi.'

'Steddwch ar y soffa,' medda hi'n groeso i gyd cyn mynd allan o'r stafall.

'Os gwnei di agor dy geg mi stwffia i dy drwyn di i fyny dy din! Cofia di rŵan!'

Agor fy ngheg i ddeud be? Wyddwn i ddim am be roedd o'n sôn!

'Dyma chi,' medda'r ddynas gan estyn pacad bychan, bach o rwbath ne'i gilydd i John Deric. 'Oes gynnoch chi bres i dalu?' gofynnodd cyn gollwng 'i gafal yn llwyr arno.

'Oes,' medda fo, a dyma fo'n sbaena ym mhocad 'i gôt cyn rhoi punnoedd, wel o leia dri phisyn punt, ar gledr llaw y wraig.

'Diolch yn fawr! A rŵan ta, beth am sigarét bob un?'
Estynnodd sigarét dena, dena, fel pry genwair wedi llwgu, i John Deric. Goleuodd fatsan a thynnodd ynta fwg yn ara deg bach fel hen bennaeth Indiaid Cochion sy wedi anghofio bod amsar yn bwysig.

'A chitha, cariad, gymwch chi un?'

Dydw i ddim yn sant o bell ffordd ond ma' 'rhen ddyn gyda'i dyrcs wedi fy nhroi i yn erbyn smygu, a pheth arall fedar ffwtbolar hefo dyfodol iddo fo ddim fforddio difetha'i sgyfaint.

'Biti hefyd, a finna wedi 'u rowlio nhw hefo fy nwylo bach esmwyth fy hunan yn sbesial i chi a John Deric.' Yna dyma hi'n troelli 'i bysadd drwy fy ngwallt ac yn tynnu 'i llaw ar hyd croen meddal fy ngwddw. Yn ôl ac ymlaen, yn ôl ac ymlaen. Rargol roedd o'n deimlad gwych, yn debyg i ddim byd wnes i deimlo rioed o'r blaen!

Ac yna'n sydyn reit, mi 'nes i sylweddoli beth oedd yn digwydd. Roedd John Deric yn mynd yn fwy siaradus mwya'n byd roeddan nhw'n smygu. A hitha hefyd! Roeddan nhw'n smygu pot! Mariwana ella. Dyna pryd y penderfynis i ddianc os medrwn i, ac y dechreuis i fesur yn fy meddwl faint o ffordd oedd yna at y drws allan. Arhosis nes roedd John Deric a'r ddynas yn gorwadd yn glós, glós ar y soffa â rhyw olwg feddylgar, bell, bell ar 'u hwyneba ac yna mi ruthris i gyfeiriad y drws.

'Hei! Hei! I ble rwyt ti'n mynd?'

Roedd 'u dwylo'n crafangu amdana i ac roedd blew bach, byr fy nhrwyn yn llawn joc o ryw ogla melys, cythreulig, digon i neud i fy stumog droi.

Diolch byth! Roeddwn i allan yn 'rawyr iach cyn y medrach chi ddeud 'pot', ne ella y dyliwn i ddeud fy mod i allan yn awyr iach llai afiach y dre. Rhedis nes roedd y gwaed yn curo fel diawl yn fy ngwythienna, ac yna gollyngis fy hun yn swp ar fainc sy'n wynebu'r 'Taj

Mahal', lafatri cyhoeddus newydd y dre. Eisteddis yno am dipyn i wylio dega o wylanod gwyn, gwyn yn sgleinio fel sidan yn yr haul, ac yn troelli fel deif bomars o gwmpas y to cyn gollwng llwythi o gachu yn stremp ar y teils cochion. Pam 'u gollwng nhw yn y fan honno, mwy na tho'r sinema y drws nesa?

Y Paragon

Yn y lladd-dy roedd Clwb Ieuenctid y Dre yn cwarfod. O leia lladd-dy oedd o flynyddoedd yn ôl. Mewn rhai llefydd roedd bacha cig yn dal i sticio allan o'r nenfwd. Amball i noson pan oedd niwl a glaw mân yn ddigon i neud i chi deimlo lawr yn y dymps o ddifri, roedd 'na ogla gwaed wedi ceulo'n hen o gwmpas y lle, rhwbath yn debyg i'r ogla sy ar frat gwyn-budur Berwyn Brôn.

'Mi wn i pam ma'r ogla 'na yma o hyd,' medda Tomi Scot. Rêl meddyliwr ydy Tomi Scot; does ganddo fo ddim cartra go iawn i fynd iddo. 'Sbrydion anifeiliaid wedi câl 'u lladd sy'n dŵad 'nôl i drio ail-fyw!'

Doeddwn i ddim yn teimlo fel câl cyrn tarw, hyd yn oed bwgan un, yn fy nhin ar noson dywyll, ac felly mi es ati i chwilio am reswm arall.

'Galwyni o waed wedi llifo i lawr i'r pridd dros flynyddoedd ar flynyddoedd, dyna sy wedi digwydd,' medda fi'n ddoeth, gan ychwanegu yn y gobaith o gâl clywad Jini Nics Glyb yn sgrechian.

'Tasach chi'n gneud cythral o dwll yn y llawr mi fasach chi'n câl ffynnon waed yn sbyrtio i fyny i 'rawyr, a honno'n llawn joc o falwod a llyffantod cochion!'

'Rargol!' medda Iestyn, hogyn Berwyn Brôn. 'Mi fasa Dad yn medru gneud miliyna o sosejis gwaed wedyn.' Dim ond presenoldeb Edwards y Paragon a rhyw fymryn o amheuaeth ar fy rhan i ddaru nadu'r hogia rhag tyllu llawr y Clwb yn y fan a'r lle.

Y Paragon ddôth i tŷ ni i geisio perswadio Mam i adal i mi fynd yn aelod o'r Clwb. Tasa fo'n gwbod fy mod i'n rhydd fel y gwynt fasa fo ddim wedi boddran gofyn iddi hi'n gynta. Pan ddaru o grybwyll bod yno fyrdda ping-pong a gema chwech-bob-ochr o dan do, mi benderfynis na fasa ceffyla gwylltion, gyda 'rhen ddyn ar gefn un ohonyn nhw, yn ddigon i'm cadw o'r Clwb.

'Dowch i eistedd o gwmpas y bwrdd yma,' gwahoddodd y Paragon y tro cynta yr aethon ni yno. Bwrdd Crwn mawr tebyg i hwnnw sy gan y Brenin Arthur ar y teli yn hysbyseb stwff gwallt oedd o. Hwnnw lle ma' un o'r dynion, mewn dillad sy'n sgleinio fel arian, yn codi 'i fraich i 'rawyr gan fwriadu hyrddio'r cledda i ganol y dŵr. Ond, cyn iddo gâl cyfle i neud dim, ma' 'na ddwsin ne well o goesa merchaid yn ymddangos uwchlaw'r tonna, ac yn chwifio'n osgeiddig yn ôl ac ymlaen i sŵn miwsig henffasiwn. Ar y dechra mi fydda 'rhen ddyn yn arfar deud 'W-w-w' bob tro y gwela fo'r llun, ond mae o wedi syrffedu arno fo erbyn hyn.

Aeloda newydd sbon danlli oeddan ni, oedd yn ista o gwmpas bwrdd, Jini Nics, Iestyn Berwyn Brôn, Tomi Scot a finna. O ia, a rhyw hogyn neis, neis hefo tei deidi a gwallt wedi'i rannu hefo rhesan wen yn y canol, a honno'n syth fel rwlar. Roedd ganddo wynab ffilm stâr, erstalwm, erstalwm.

'Rŵan ta, mae'n siŵr eich bod chi'n methu â deall pam rwyf wedi'ch gwahodd i eistedd o gwmpas y bwrdd, a chitha, yn ôl eich tyb chi, wedi dod yma i gyfrannu mewn chwaraeon.'

'Dŵad yma i chwara 'nes i beth bynnag,' medda fi. Os oedd y lleill awydd actio pobol fud a byddar, doeddwn i ddim. 'Nid dŵad yma i falu awyr!'

'Ia, ia!' medda'r Paragon, rhyw styllan fer hefo gwên 'Ma' hi'n Ha' o hyd' ar 'i wynab. 'Dim ond eisiau i chi ddeall fy mod i yma bob amser os byddwch chi f'angen i, er mai gwirfoddolwr ydwyf. Oes yna un ohonoch chi'n gwybod beth ydy gwirfoddolwr?'

'Dyn da sy ddim yn cêl pres am neud petha, paragon mewn gair,' atebis fel bwled allan o wn. Chwarddodd boio.

'Ydy'r hen ffugenw 'na yn dal ar dir y rhai byw o hyd? Syndod fel y mae pobol yn cofio. Mae cof fel eliffantod gan rai, meddan nhw. Diolch i ti am fy atgoffa, Henry bach, ond gwaetha'r modd dydw i ddim yn haeddu'r enw bellach, yn nhyb rhai beth bynnag. "Dos ac na phecha mwyach," meddai Iesu Grist. Fe dderbyniais y gosb roeddwn i'n haeddu, ac fe dalais yn ddrud. Rwy'n dal i dalu. Rwy'n dal i ddiodda.'

'Am be mae o'n sôn?' gofynnodd Iestyn Berwyn Brôn yn fy nghlust. Ysgydwis fy mhen, cystal â deud, 'Does gen i ddim affliw o syniad'.

'Ydach chi'n credu mewn cosbi? Ydach chi'n credu yn y gosb eitha, tybed? Ydach chi'n meddwl bod 'na'r fath beth â thynged?'

'Oes ar rywun isio *gobstopper*?' gofynnodd Tomi Scot gan wthio pacad ohonyn nhw o flaen trwyn y Paragon.

'Na, dim rŵan, Tomi, diolch yn fawr i chi!' medda fo hefo gwên farsipan. 'Ella 'mod i'n malu gormod o awyr, ar y dechra fel hyn yntê. Ond, rwy'n dal i gredu bod trafodaeth tu hwnt o bwysig mewn lle fel hwn. Ella eich bod chi'n meddwl mai dod yma i chwara'n unig wnaethoch chi. Does gen i ddim byd yn erbyn chwaraeon, w'chi. Maen nhw'n gymorth i gadw'r corff yn iach. Ond, mae'r un mor bwysig ein bod ni'n ymarfar yr ymennydd.'

Torrodd Tomi Scot fferan galad yn ddarna mân rhwng 'i ddannadd, a dyma'r styllan yn troi mewn anobaith at yr unig un ohonon ni oedd yn edrach yn wybodus.

'Niclas,' medda fo wrth yr hogyn del. 'Oes gynnoch chi unrhyw sylwadau i'w gwneud ar y mater?'

'Oes!' medda'r boi bron â byrstio o hunanbwysigrwydd. Ma'i Susnag o'n union fel tasa fo wedi llyncu geiriadur dyn deud newyddion y BBC. Llgada Rottweilar sy ganddo, llgada bach hefo canol tywyll, calad yn disgleirio'n farw fel marblis yn 'i ben. Llgada X-ray ydyn nhw, medda Tomi Scot.

'Mae gen i lgodan fawr gartra,' medda boi del.

'Ych a fi!' medda Jini Nics, wedi câl 'i thaflu oddi ar 'i hechal yn hollol, a hitha ar ganol pigo'i thrwyn yn ddeheuig.

'Un ddof ydy hi,' medda fo gan godi 'i drwyn ar Jini Nics a sefydlogi 'i lgada ar y Paragon.

'Da iawn, Niclas! Ewch ymlaen.'

'Byddaf yn rhoi ei bwyd mewn un o bedair dysgl, y cwbwl yn debyg iawn i'w gilydd. Fe fydd yna fymryn bach, bach o fwyd yn y tair dysgl arall, i'w hudo hi atyn nhw. Does 'na ddim digon o linyn ar ei chynffon i'w galluogi i gyrraedd rheiny ond fe gaiff hi drio, a brifo os ydy hi'n ddigon gwirion. Os collith hi 'i chynffon fe fyddaf yn ei rhoi'n ginio i'r gath ac yn mynd allan i brynu llgodan arall yn ei lle. Y mae'n bosibl iddi dynnu ei chynffon o'r gwraidd.'

'O . . . ym, dyna ddigon, Niclas, diolch i chi!'

'Na, na, roeddwn i'n mynd i ddeud, syr, mai dyna ydy cosb eitha i lgodan, colli ei chynffon. O achos, os collith hi ei chynffon fe fyddaf yn ei bwydo i'r gath. Gwobr fydd y llgodan i'r gath a marwolaeth ydy'r gosb eitha i'r llgodan. Arni hi y mae'r bai yn cymryd 'i hudo gan y ddysgl anghywir, yn enwedig os ydy hi wedi cyflawni'r prawf yn llwyddiannus y tro cynt. Cofiwch chi, petai hi wedi mynd am y ddysgl iawn, fel y dylai hi, fe fuasai wedi cael llond ei bol o fwyd. Petha diddorol ydy profion fel'na.

Mae gen i awydd gneud rhai tebyg gyda dynion. Fe fuaswn yn dysgu llawer, ac yn cael gwefr arbennig wrth gyflawni'r gwaith. Ydach chi isio clywed hanes y gath?'

'Nac ydw, wir, diolch yn fawr i chi, Niclas!'

Aethai wyneb y Paragon yn wyn fel toes bara, ac roedd 'i ddwylo'n crynu wrth iddo ffidlan hefo'i dei. Fu ganddo ddim llawar i'w ddeud wrth Niclas wedyn a chafodd hwnnw fawr o gyfla i agor 'i ben.

'Mae'n bryd i chi fynd at John Arweinydd rwy'n credu,' medda'r Paragon gydag ochenaid.

Palat mawr, llydan fel drws, hefo cyhyra dyn codi pwysa a chylffia o goesa fel acsyls JCB, ydy John Arweinydd. Fûm i fawr o dro yn dysgu mai'r gosb am 'i groesi ydy treulio chwartar awr hefo fo yn y sgwâr bocsio. 'Craig' oedd y ffugenw a roed arno flynyddoedd yn ôl, ac y mae'n un digon da i aros hefo fo o hyd. Roedd rhai o'r genod mwya yn deud 'u bod yn barod i fwytho'i fysyls unrhyw adag o'r dydd, taen nhw'n câl y cyfla, meddan nhw. Dydyn nhw ddim yn debyg o gâl y cyfla o achos mai gwas ffyddlon a chydwybodol y Cyngor ydy John. A fydd o byth bythoedd yn anghofio hynny. Dim o dan unrhyw amgylchiada!

'Rwyf eisiau i chi, yr aelodau newydd, aros hefo'ch gilydd am chydig,' medda fo ar y dechra un, a ninna'n dwr bach cryno yng nghornal y Neuadd Fawr. 'Mewn undeb y mae nerth.' Mae o'n hoffi deud rhyw betha bach, slic fel'na!

Rhyw greadur od ydy Niclas. Dydw i ddim yn meddwl rywsut 'i fod o isio bod yn ffrindia hefo neb go-iawn, ac eto, am ryw reswm, fe nâth 'i ora i glosio at Iestyn Berwyn Brôn. Ac fe lwyddodd hefyd.

'Ma' fo wedi bod mewn ysgol breifat debyg i Eton,' cyhoeddodd Iestyn pan welis i o 'mhen rhyw ddwrnod ne ddau. 'Ma' ganddo stafall yn nhop tŷ hefo bwrdd snwcar mawr, ac mae o isio bod yn ffrindia hefo fi. Hefo **fi**, cofia!' Roedd 'i lgada fel soseri yn 'i ben.

''Nes di ofyn pam nad ydy o'n 'rysgol rŵan?' gofynnis braidd yn rhy sydyn i fennydd Iestyn, ella.

'Naddo. Pam?' medda fo yn y man gan edrach reit wirion arna i. Dydy Iestyn Berwyn Brôn ddim yn un o feddylwyr mawr ein dosbarth ni, er bod 'i dad o'n talu am wersi preifat iddo fo.

'W-e-e-l, mae hi'n dymor 'rysgol o hyd a fynta o gwmpas y tŷ.'

'Newydd symud yma maen nhw, yntê?'

'Ond dydy hynny ddim yn nadu iddo ddal i fynd i ysgol breifat ne gychwyn yn 'rysgol ni.'

Gwrthod ama dim nâth o, os oedd 'na rwbath i'w ama o gwbwl. Mi gadewis i o i ddarganfod drosto'i hun, ryw ddwrnod ella. Ma' tad Niclas yn gwsmar da i Berwyn Brôn, ac y mae cyfeillgarwch yn bwysig mewn busnas, yn tydy? Biti na fasa Iestyn yn gallach o achos ma' gin i angan mêt ar ôl colli John Deric.

Ar y ffordd adra mi ges gwmni Tomi Scot a Jini. Wrth i Jini wyro dros bont i wylio alarch ac alarchas yn caru mi ddaru Tomi wthio'i law i fyny 'i ffrog hyd at 'i nics, i edrach oeddan nhw'n 'lyb. Sgrechian ddaru Jini a rhedag i lawr stryd fawr gan adal llyn bach o ddŵr ar 'i hôl.

Y pedwerydd tro i mi fod yn y Clwb y daru'r Paragon gynnig mynd â ni i weld *Hamlet* yn y theatr. Popeth wedi 'i dalu amdano ymlaen llaw gan y Cyngor medda fo. Roedd y popeth yn cynnwys hufen iâ hannar amsar. Mi ddaru Nic ddeud, yn bwysig i gyd, 'i fod o'n credu mai honno oedd un o ddramâu mwya dramatig Shakespeare, beth bynnag mae hynny'n olygu, ac y buasai'n anrhydedd mawr iddo gâl mynd yno yng nghwmni Mistyr Edwards. Mi ddaru 'i seid cic, Iestyn Berwyn Brôn, ddeud y basa fynta hefyd yn hoffi mynd. Gwrthod ddaru Tomi Scot a Jini Nics, gwrthod heb roi rheswm. Doeddwn i ddim yn brin o ddeud wrthyn nhw beth oeddwn i'n feddwl o ddramâu Shakespeare. Pan ma' dyn yn sgwennu y cwbwl o'i waith mewn Susnag hollol annealladwy i hogyn cyffredin, pam y ma'n rhaid iddo gâl 'i gyfri yn sgwennwr mawr? Y! Onid ceisio cuddio rhwbath nad oes ganddo mohono y mae o?

Es i'r Clwb y noson honno ac mi dreulis yr amsar gora ges i yno rioed yn codi pwysa yng nghwmni John Arweinydd. Roedd heddwch yn teyrnasu rhyngon ni! Doedd 'na ddim angan i mi 'i herio fo a'r lleill yn absennol. Gan Iestyn Berwyn Brôn y ces i hanas yr ymweliad â'r theatr. Roedd o fel petai'n chwilio am ryw fath o Dad Cyffeswr pan welodd o fi. Dechreuodd fwrw'i fol yn syth bin.

'Roedd Nic yn mynnu ista ar y pen, a Mistyr Edwards yn y canol rhyngddo fo a fi. Mi 'nes i syrthio i gysgu cyn diwadd yr Act gynta ond mi ddaru'r hufen iâ helpu i fy neffro ar gyfar yr ail. Dyna lle roeddwn i'n breuddwydio, yn effro tro yma, am y lle bydd Berwyn yn mynd â Mam a finna ar ein gwylia leni, pan glywis i Nic yn sgrechian dros y lle. Roedd o wedi codi ar 'i draed, ac yn chwifio'i freichia yn 'rawyr bob yn ail â chicio Mistyr Edwards hynny fedra fo. Roedd hwnnw wedi llithro ar 'i linia ar lawr ac yn cadw'i ddwy law gyda'i gilydd yn union fel tasa fo'n gweddïo.

'Roedd pawb wedi dychryn. Mi ddaru'r actorion sefyll yn llonydd ar y llwyfan fel tasan nhw'n ddillad wedi rhewi ar y lein. Yna dyma'r goleuada trydan yn cân 'u cynna fesul un nes roedd y Neuadd yn bwll o oleuni. Cerddodd y Rheolwr yn bwysig, fawreddog i lawr atan ni. Roedd ganddo ddillad duon, tei-bo ddu a chrys gwyn, gwyn.

"Wel?" medda fo gan edrach i lawr 'i drwyn ar Nic.

"Ma'r dyn 'ma wedi 'mosod yn rhywiol arna i," medda

Nic yn 'i Susnag Eton gora un, gan nyrsio blaen 'i drowsus. Roedd un cip ar yr wynab ddaru Nic lwyddo i'w dynnu yn ddigon i'r Rheolwr. Galwodd ar y ddynas hel ticedi a rhyngddyn nhw dyma nhw'n llwyddo i halio'r Paragon i'r ale a gneud iddo gerddad ar hyd y llwybr canol i gyfeiriad y drws. Ar y ffordd mi ddaru rhyw ddynas mewn ffrog at 'i sgidia ddechra'i waldio fo hefo'i bag llaw.

"Isio'i sbaddu fo sydd!" gwaeddodd rhyw ddyn oedd yn sefyll ar ben sêt yn y rhes ôl.

"Ia, a'i anfon o i'r Seilam am y gweddill o'i oes," cytunodd un arall. "Dydy crogi ddim gormod i bobol fel'na."

'Roedd hannar y gynulleidfa ar 'i thraed, y rhan fwya isio gweld be oedd yn digwydd yn unig, a dim ond amball un yn awyddus i neud rhwbath 'i hunan. Dechreuodd rhyw foi oedd yn deud drosodd a throsodd 'i fod o wedi dioddda'r un peth pan oedd o'n fach halio gwallt Edwards o'r bôn. Does ganddo fawr o grop p'run bynnag! Fe achosodd hynny i'r ddynas hel ticedi fynd i sterics, ac mi redodd i gyfeiriad y drws yn gweiddi crio. Rhwng popeth fe syrthiodd y Paragon ar 'i hyd ar y llawr, ac fe safodd y Rheolwr uwchlaw iddo a'i goesa ar led fel Wyatt Earp yn y ffilmia.

"Bobol!" gwaeddodd dros y lle. "Steddwch i lawr a byddwch ddistaw!" Yna dyma fo'n gafal yn Mistyr Edwards gerfydd 'i fraich, ac yn 'i lusgo allan yn ara deg bach. Bron, bron, nad oeddwn i'n disgwyl i'r gynulleidfa sefyll ar 'i thraed a chlapio!'

'Pam?' gofynnis i Iestyn.

'Pam be?'

'Pam y daru'r Rheolwr benderfynu halio Edwards allan ar ôl câl un cip ar wynab Niclas?'

'Sut gwn i!'

Fedrwn i ddim peidio â meddwl bod 'na rwbath o'i

le hefo'r cyfan, rhyw ddrwg yn y caws o ddifri. Roedd Paragon mor sicr ei fod wedi pechu unwaith ac na fasa fo'n gneud byth wedyn. Roedd o'n gneud i chi feddwl na fasa fo'n syrthio ar chwara bach. A fedrwn i ddim peidio â meddwl am lygid Niclas, llygid fel diafol!

'Wyt ti'n siŵr bod Edwards wedi'i gyffwrdd o?' gofynnis i Iestyn.

'Sut gwn i?' Drychodd ar y llawr fel tasa fo'n euog o rwbath ac ofn edrach yn fy llgada i.

'Roeddwn i'n hannar cysgu y rhan fwya o'r amsar. Ac y mae ganddo record am rwbath, toes? Mae o wedi bod yn y carchar, beth bynnag. Un rhyfadd ydy'r Nic 'na hefyd, tasat ti'n gofyn i mi. Mi fedrwn ddeud stori ne ddwy am y stafall 'na sy ganddo yn nhop y tŷ, ond calla dawo fydd hi.'

Tro dwytha yr es i i'r Clwb roedd John Arweinydd yn ista wrth y drws, wedi'i wisgo mewn siwt am y tro cynta rioed i mi 'i weld o felly.

'Dim Clwb heno, wasi,' medda fo mewn llais ffeind o ddifri, rhwbath dipyn bach yn ddiarth iddo fo, yn enwedig tasach chi'n cysidro 'i fod o'n siarad hefo fi.

'Dan ar ôl cês, ia?' Fe geisiais ddeud y peth iawn yn y ffordd iawn.

'Fydd 'na ddim cês, wasi. Mae o wedi cosbi 'i hunan. Wedi crogi 'i hun wrth fachyn cig. Er 'i fod o'n ddieuog!'

'Be dach chi'n feddwl?'

'Mae gan y Niclas yna record, un waeth o beth coblyn nag un Colin.'

'Ond . . . Am be cafodd y Par . . . Mistyr Edwards 'i anfon i'r carchar?'

'Am gymyd benthyg arian, wasi. Roedd 'i fam yn sâl. Angan triniaeth. A hogyn 'i fam oedd o. Gwaetha'r modd! Ffŵl gwirion! Doedd dim angen iddo ddwyn yr arian oddi ar y Cyngor. Mi fasan nhw wedi rhoi benthyg i un fel fo oedd wedi rhoi blynyddoedd o wasanaeth iddyn nhw. Tasa fo wedi gofyn. A pheth arall, mi fasa'r wlad wedi talu tasa fo'n barod i aros chydig. Ond na, roedd yn rhaid i'w fam o gâl y gora, ar unwaith a bob amsar. A wyddost ti be oedd yn wirion? Mi fuodd farw cyn câl y driniaeth, ac fe dalodd o bob dima yn ôl. Dyna oedd o wedi fwriadu 'i neud ar hyd 'ramsar. Dim ond cymyd benthyg 'rarian dros dro.

'Roeddan nhw'n saethu cwestiyna ato fo yn Swyddfa'r Heddlu y dwrnod o'r blaen. A fynta ddim yn gwbod sut i'w hateb nhw, p'run ai deud y gwir ai deud celwydd. Roedd o'n teimlo nad oeddan nhw isio clywad y gwir. Fe fu o yno am oria a doeddan nhw ddim yn hapus hefo'i stori o wedyn. Fe ddyliwn inna fod wedi sylwi mwy arno, pan ddâth o yma, ond wnes i ddim! Wnes i rioed feddwl y basa fo, o bawb, yn troedio'r llwybr yna. Doedd gen i ddim achos i'w gysylltu o hefo hunanladdiad. Fo a'i holl ffydd afresymol, 'i wên barod ym mhob tywydd a'i awydd gwirion bost i aberthu er mwyn helpu trueiniaid.'

Mi gerddis o gwmpas y Clwb cyn cychwyn am adra ond welis i ddim arlliw o gorff yn crogi na 'run plisman ar gyfyl 'radeilad. Ma'n debyg 'u bod wedi symud y cyfan. Go brin y bydd y Cyngor yn fodlon i adal iddyn nhw ddefnyddio'r lle yna fel Clwb byth eto. Pan adewis i 'radeilad y noson honno roedd ogla hen waed yn ddigon i daflu rhywun i lawr ac roedd bysadd niwl yn tagu'r coed gerfydd 'u gyddfa.

Jean Louise

Ar ôl bod gartra am flwyddyn gron gyfa ar ôl gadal 'rysgol hefo chwe lefal O, mi gafodd Jean Louise waith gyda'r nos yn rhofio sglods yn siop Dani Boi. Fu hi ddim yno'n hir o achos roedd dwylo Dani yn tueddu i chwara pry copyn hefo'i choesa bob tro y bydda fo'n câl esgus i wyro o dan cowntar, ac roedd hynny'n digwydd yn rhy amal medda hi wrth Mam. Fel y deudodd hi, fasa hi ddim yn poeni cymint â hynny tasa fo ddim yn hen fel pechod ac yn driblan fel babi. Fe ddaru 'rhen ddyn 'cw fygwth mynd i lawr 'no i dalu'n ôl i'r bygar. Yn ddiweddar 'ma, mae 'rhen foi wedi dŵad i feddwl y byd o Jean Louise. Mi fydd yn deud ar 'i beth mawr bod 'i choesa hi bron cystal â rhai Mam a'i bronna hi'n well o dipyn bach. Chwara teg, fe âth i lawr yno'n llawn stêm o ddifri, ac yn barod i luchio Dani Boi i Galway Bay. Ond ddaru o ddim o achos fe ddaru'r Gwyddel gynnig gwerthu un gwely lle bu Cwîn Victoria'n cysgu a dwy gadar ledr yn rhad iawn, iawn. Ac roedd y gwely ar 'i ben 'i hun yn fwy o werth na'r hyn ddaru o dalu am y cyfan.

Tair blynadd o wylia ar y dôl gafodd Jean Louise wedyn cyn câl galwad i'r Swyddfa Dôl i weld rhyw Mistyr Hartman. Ar ôl cyrradd yno fe ddaru hi groesi 'i choesa wrth ista yn y gadair, un o'r rhai mwya cyffyrddus welodd hi rioed — ac fe roes blwc i'w sgert er mwyn dangos mwy o goes. Y munud y dâth y boi pwysig i mewn, medda hi wedyn wrth Mam, fe hoeliodd 'i lygid ar 'i phenlinia a nâth o ddim tynnu 'i sylw yn llwyr o'r fan honno am y gweddill o'r amsar.

'Nawr, Mus Archer,' medda fo gan fwytho 'i phenlinia hefo'i lygid. 'Does gen i, yn anffodus, ddim gwaith go-iawn i'w gynnig i chi, ond y mae'r Wladwriaeth yn ei mawr garedigrwydd, yn barod i ymestyn, yn haelionus iawn, bres byw i chi er mwyn i chi gael ennill profiad.'

'Be dach chi'n feddwl hefo ennill profiad?' medda hi gan ledu 'i llygid, cystal â deud, be fedrwch chi ddysgu i mi o'r newydd?

'O . . . dim byd felly!' medda boio gan roi 'i fys o dan wegil 'i golar — teimlo 'i hun yn cnesu ma'n debyg — a dyma fo'n rhoi gwên-rwy'n-gwbod-popeth arni hi cyn 'nelu 'i lygid gama rê arni unwaith eto. Hen lygid mawr, digywilydd yn chwalu drosti bob modfadd.

'Sut y buasech chi'n hoffi cael gwaith yn y Llyfrgell?'

'Y! Llyfrgell?'

'Leibrari i chi. Y lle y bydd pobol yn benthyca llyfra.'

* * *

Fe ddaru hi ddechra un bora Llun ac roedd hi'n bôrd cyn nos. Roedd yr ail ddwrnod yn well o beth cythreulig. Fe gafodd gwmni — andros o bisyn hefo gwallt fel mop wedi gwylltio a sbectols pot-jam yn hannar cuddio llygid glas, glas fel y Med o dan haul canol ha'.

Roedd Jeremy i fod i ddangos iddi sut i neud 'i waith o, ond erbyn diwadd yr wsnos — medda hi wrth Mam — fe ddysgodd hi lawar iawn mwy iddo fo nag a wnâth o iddi hi. Fe ddysgodd iddo sut i chwara cuddiad go iawn!

Nid y gêm fach ddiniwad honno fyddwn i'n arfar chwara hefo genod Dosbarth Un pan oeddwn hefo'r babanod ond gêm ddifrifol dros ben. Roeddan nhw'n cuddio bob yn ail, ac yn gneud 'u gwaith, symud llyfra, wrth geisio cȃl hyd i'w gilydd. Pan fyddai un yn cȃl hyd i'r llall, byddai'n mynnu, yn ôl rheola'r gêm, 'i fod o ne hi yn tynnu dilledyn — dim ond un ar y tro. Daeth yr hwyl i ben un dwrnod pan ddaru Mus Wilcins, yr hen gyrbiban flin honno sy'n gyfrifol am gadw trefn ar bawb a phopeth, ddŵad ar draws Jer yn cuddio yng nghanol y llyfra romansys, heb ddim byd amdano ond 'i drôns a'i grys isa.

'Trueni dros ei dad, yr Athro Emeritws,' medda hi wrth yr hen grystyn arall sydd ar y Staff. 'O barch iddo ef bûm drugarog. Anfonais ef adref am fis i wneud ymchwil i waith Beatrice Potter.'

Wedyn cafodd Jean Louise godiad gwerth chweil, cafodd 'i gneud yn gyfrifol am Mistyr Bendinocs. O be welis i o Mistyr Bendinocs, pan es i yno i fysnesu, roedd o angan dwy ne dair o nyrsys go iawn i'w gadw fo yn 'i le.

'Welsoch chi fy sbectol i, cariad?' gofynnodd i mi pan es i drwodd i'w stafall i weld be welwn i. Ar y pryd roedd o'n cropian ar 'i benlinia ac yn edrach fel hen gi wedi colli 'i asgwrn.

'Naddo,' medda fi. 'Os nad hi oedd yr un oedd wrth ymyl y drws 'na pan ddois i i mewn. Beth bynnag, roedd y sbectol honno yn deud wrtha i am gofio at yr un sydd ar 'ych clustia chi.'

'Ha! Ha!' Ar ôl teimlo'i wynab er mwyn gneud yn siŵr fy mod i'n deud y gwir, chwarddodd 'i hun bron i wendid. Yna dyma fo'n gofyn, 'Hogan pwy ydach chi, d'wch?'

'Hogyn!' atebis yn flin. 'Brawd i Jean Louise.' (Ella y dyliwn i wario chydig bach yn Siop y Barbwr!)

'Iw-hw,' gwaeddodd f'annwyl chwaer o'r *Arabian Nights* — roedd hi'n domino o dywyll yn y rhan honno o'r Llyfrgell. 'Pwy sy wedi sgwennu y llyfr 'na, *Shakespeare The Romantic*?' Ailadroddis y cwestiwn er 'i fwyn o.

'Joseff rwbath ne gilydd,' medda fo gan grafu 'i ben, a dyma finna'n gneud gwaith towncreiar drosto fo.

'Wel, deud wrth y diawl dwl bod y llyfr uffar ar y rac ar hyd 'ramsar!'

'Peidiwch chi â defnyddio iaith fel'na hefo mi! Does gennych chi ddim hawl i siarad fel'na, hyd yn oed os ydych chi'n hogan go-iawn,' medda fo'n flin fel cath yn câl 'i dal wrth 'i chynffon. Wrthaf i, a finna ddim ond yn ceisio helpu drwy ailadrodd geiria rhywun arall!

Gneud traethawd ar 'Y Gwcw Ola' roedd Caradog pan ddâth o at gowntar y Llyfrgell a gweld Jean Louise am y tro cynta rioed. A rhyfeddu at 'i llygid duon — lliw potal — a'i gwefusa cochion, lipstic lliw gwaed. Roedd Jean Louise yn deud bod 'i goesa fo wedi dechra gwegian yn syth bin ac am chydig meddyliodd 'i fod ar fin mynd ar 'i linia o'i blaen.

Roedd gan Caradog Daimler mawr henffasiwn, car 'i fam mewn gwirionedd. Ynddo fo yr aeth â Jean Louise am bnawn i lan y môr.

'A w'chi be?' medda hi wrth Mam. 'Roedd yr idiot wedi torri cant a mil o sanwijis cyw iâr, wya a tomato. Wedi 'u gneud nhw i gyd 'i hun bach, cofiwch . . . Beth bynnag, dyma fo'n mynd i ryw gongol fach o'r golwg i dynnu 'i sgidia a'i sana — ofn i rywun 'i weld o ne ofn i mi glywad ogla ar 'i draed o, ella. A dyma fo'n deud 'i fod o'n mynd i'r dŵr i olchi 'i draed, a nhwtha'n wyn fel Persil yn barod. 'Rhoswch funud!' medda finna a dyma fi'n dechra tynnu. "O, peidiwch, peidiwch, peidiwch! Plîs! Plîs! Plîs!" medda fo, ac mi âth ar 'i linia o ddifri y tro hwnnw a chuddio'i lygid. Wnes i ddim cymyd sylw ohono fo dim ond dal ati i dynnu fy nillad. Ar ôl gorffan dyma fi'n gwyro, bron yn fy hannar, ac yna'n sythu i fyny'n sydyn nes roeddan nhw'n neidio i fyny i 'rawyr fel dwy hannar pwmpen. Mi rôth ochenaid fel injan golchi dillad wedi tagu ar bwlofar, ac mi welis i o'n sbecian drwy'i fysadd a'i lygid fel soseri. Yna fe rois fy nwylo ar 'i sgwydda fo a phlygu digon i

adal i fy mronna gosi 'i fysadd, y bysadd oedd o flaen
'i lygid. Mi aeth 'i wynab cyn goched ag un Yncl Edi pan
fydd hwnnw wedi câl cratshiad. "Hwdiwch!" medda fo
gan geisio gwthio lliain pinc, anfarth i fy nwylo, a dal 'i
ben, ar 'run pryd, ar hannar tro fel tasa fo ofn edrach dros
'i sgwydda'. "Os ydy'n rhaid i chi fynd lawr i'r dŵr 'na'n
noethlymun, rhowch hwn am 'ych canol, da chi! Rhag
ofn i rywun 'ych gweld chi." Does 'na neb o gwmpas,
medda fi, a dechra cosi o dan 'i geseilia fo nes roedd o'n
marw chwerthin. Yna pan oedd o'n 'i wendid fe afaelis
yn 'i ddwylo a'u gosod nhw'n dwt rhwng fy nghoesa.'

'Wnes di rioed!' medda Mam gan grychu'i gwefusa.
'I be roeddat ti'n gneud peth felly?' gofynnodd yn flin.
Fe fydd hi'n deud yn wastad 'i bod hi wedi câl 'i dwyn
i fyny'n dda, ac y basa 'i thad a'i mam hi, fy nhaid a fy
nain i, yn troi yn 'u bedda petaen nhw'n gwbod 'i bod
hi'n byw hefo clown fel 'rhen ddyn.

'Am fy mod i'n ffansïo byw mewn plasty. Ylwch, ma'
ganddo fo homar o dŷ mawr, hannar maint Byc Hows,
a ma' 'na pîcocs yn strytian o gwmpas y gerddi. A mae'i
fam o'n lecio chwara crocé.'

'Y-y-yw! Be 'di hwnnw?'

'Rhyw gêm lle ma'n nhw'n trawo pêl o dan hŵps yn
'rardd.'

'Golff,' me fi'n bwysig i gyd.

'Dos o 'ma!' medda Mam wedi sylweddoli fy mod i
yno ac yn gwrando'n astud. Cynigiodd hyd braich o
fonclust i mi, ond roeddwn wedi gwyro mewn hen bryd
fel basa Yncl Edi wedi 'i neud yn ystod 'i ddyddia gora.
Theimlis i ddim ond y gwynt yn chwibanu wrth i'w llaw
drafaelio fel jet dros fy nghorun.

'A be ddigwyddodd wedyn?' gofynnodd Mam, a finna
erbyn hynny wedi rhoi'r bwrdd rhyngo fi a nhw.

'Dim byd! Mi âth i lawr i'r dŵr i olchi 'i draed, a nâth

o ddim cymyd arno 'i fod o'n fy ngweld i pan gerddis i lawr ato fo yn fy sodla uchal a dim byd arall . . .'

'Wedi digio,' medda Mam. 'Y peth bach diniwad!'

'Blincin hec, naci Mami! Fe ofynnodd i mi, ar y ffordd adra, faswn i a'r teulu yn hoffi mynd i lawr i'r Plas am stroberis an crîm hefo'i fami.'

'Stroberis an crîm!' medda Mam, gan droi 'i thafod yn bwysig o gwmpas y geiria a gneud i'r gwahoddiad swnio fel tasan ni wedi cael cynnig taith i Mars ne siampên hefo'r Frenhines. 'Pryd?'

'Dydd Merchar nesa.'

★ ★ ★

'One o clock prompt', dyna'r geiria ar y cerdyn, un ag ogla lafindar arno. Mi nâth Mam logi Stifyn Watsys i'n dreifio ni. Fasa hi ddim yn mynd yn y lori hefo 'rhen ddyn am bensiwn, medda hi. Ma' Stifyn yn cynnal stondin ym mhob un o drefi marchnad y gogledd 'ma ac yn gwerthu watsys am ddwy bunt yr un. Os byddwch chi'n lwcus ella y bydd y wats yn dal i withio ymhen mis. Yn fwy na thebyg fydd hi ddim, ond fe wneith Stifyn 'i newid hi am un arall os ydach chi'n ddigon penderfynol. Fydd honno fawr gwell ond mi fydd Stifyn wedi câl cyfla i werthu rhwbath arall i chi. A fydd hwnnw fawr o gop chwaith, tasa waeth am hynny. Chewch chi byth-bythoedd-amen afal ar Stifyn er mwyn câl newid yr ail beth. Pobol yn chwilio am anrhegion rhad ar ôl bod ar 'u gwylia ydy'r rhan fwya o gwsmeriaid Stifyn. Pobol o bell.

Chwara teg i Stifyn, roedd 'i gar pinc gola yn sgleinio fel tasa fo mewn hysbýs polish wacs ar y teledu, ac roedd ynta'n gwisgo tei dipyn bach llai lliwgar nag arfar. Mi ddaru o fynnu bod Jean Louise yn ista wrth 'i ymyl yn y sêt flaen, a dwn i ddim sawl gwaith y dalis i o yn llgadu 'i choesa. Ma' coesa merchaid yn siŵr o fod yn beryg bywyd pan fyddan nhw wedi câl 'u parcio yn y sedd wrth ymyl y gyrrwr.

'Delighted to see you!' medda mami Caradog pan gyrhaeddon ni o'r diwadd. Roeddwn i wedi fy synnu ar ddau gownt. Yn gynta doeddwn i ddim yn disgwyl iddi siarad Susnag a fynta, Caradog, yn siarad fel tasa fo wedi cael 'i eni a'i fagu ym Mhaball Steddfod y Triongl, y coch, gwyrdd a gwyn a ballu. Yn ail, doeddwn i ddim yn disgwyl y fath dderbyniad — 'gwresog' fasa Mam yn ddeud — gan ddynas oedd yn gwisgo'i sbectol yn sownd, gerfydd darn o linyn, i'w blows.

'Ni fedrwch amgyffred maint fy llawenydd o ddarganfod bod gan Caradog gariad o'r diwedd,' medda hi, gan brofi 'i bod yn gwbod rhyw iaith oedd yn perthyn o bell i'r hyn roeddan ni'n batran bob dydd. Mi wnes i edrach yn slei bach ar Jean Louise a'i dal hi'n chwerthin o dan 'i bysadd ond roedd Mam yn edrach yn ddifrifol, fel tasa hi'n aros am y deintydd.

'Y mae'r mab wedi diflannu i rywle, ond rwy'n sicr na fydd yn hir, ac yntau'n gwybod eich bod yn dod yma,' medda'r ddynas. Mi fu'n ddigon hir i mi gael cyfla i drio dal pîcoc, a rhoi esgid ym maw un ohonyn nhw, ne faw rhwbath arall, cyn bodloni ar hel dipyn o blu i neud het Indiad Coch ar ôl mynd adra. Crychu 'i thrwyn nâth mami Caradog pan ddois i'n ôl, ond roedd Mam wedi hen arfar hefo ogla fel'na ar sgidia 'rhen ddyn pan fydda fo wedi bod yn y wlad yn hel hen betha. Erbyn i mi ddychwelyd roedd Stifyn wedi gadal 'i ôl ar y fasgiad mefus a Jean Louise yn cwyno am nad oedd hi wedi câl digon ohonyn nhw.

'Ffatnin!' medda fo. 'Maen nhw'n ffatnin a chditha hefo corff m-m-m-ym!'

'Rwy'n edrych ymlaen at gael cyfarfod Caradog,' medda Mam yn 'i Chymraeg Capal gora. 'Wyddwn i ddim mai dyna oedd 'i enw fo, hyd yn oed, tan heddiw.'

'Af i chwilio amdano,' medda'r ddynas, gan osod 'i sbectol ar 'i thrwyn rhag ofn iddi ddigwydd pasio'r mab heb 'i weld.

Mi ddaru Stifyn Watsys bocedu'r llwya *real silver* tra oedd y fami'n absennol, a'u gwagio o'i bocedi pan ddaru Mam 'i ddal o'n troseddu. Roedd Caradog a rhyw gradur rhyfadd o'r enw Hymffri gyda mami Caradog pan ddâth yn 'i hôl. Welis i neb yn fy mywyd hefo dwylo meddalach na Hymffri. Ar ben hynny roedd 'i law yn ysgafn fel deilan pan ddaru o fynnu gafal yn fy un i. A finna hefo dim ydy dim i'w ddeud wrth hen lol felly.

'Pwy sy'n gneud 'ych gwallt chi?' gofynnodd Stifyn iddo fo yn y man. Ma' Stifyn yn treulio oria yn cribo'i wallt, ac felly y mae ganddo fo ddiddordab dwfn a digon iach yng ngwalltia pobol erill.

'Ydach chi'n licio fo, cariad?' gofynnodd Hymffri gan redag 'i fysadd drwy'i wallt a gneud rhyw gylch bach hefo'i ben-ôl, yn union fel Marilyn Monroe yn yr hen ffilm honno, *Some Like It Hot*.

'Neis iawn wir!'

'Anya yn *His and Hers* yntê Caradog, cariad?'

Gyda hynny o eiria, dyma fo'n gosod 'i law fach wen, wen yn llaw fawr Caradog, a dyma honno'n cau amdani fel trap yn cau ar lgodan fach.

'Ho-ho! Ho-hoho! Felly wir!' medda fi wrthyf fy hun. Dydw i, fel un sy'n darllan y papura Sul gora ac yn cadw'i glustia'n agorad, ddim heb fod yn gwbod rhwbath am betha fel'na. Ma' hi wedi canu ar Jean Louise! A dydy Jean Louise na Mam chwaith ddim yn ddwl o bell ffordd, beth bynnag arall fedrwch chi ddeud amdanyn nhw.

'Trueni bod yn rhaid i chi fynd!' medda'r ddynas yn neis i gyd, ymhen rhyw hannar awr a ninna wedi penderfynu deud 'Ta-ta'. 'Roedd fy ngobeithion mor uchel pan glywis bod ganddo gariad o'r diwedd.'

'O . . . Fe ddown i ymweld â **chi** eto,' medda Mam ond roedd y pwyslais ar y 'chi' 'na a rhyw dro yn 'i llais yn deud rhwbath arall hollol wahanol. 'Stifyn!' gwaeddodd yn uchel fel tasa fo i lawr yng ngwaelod 'rardd ac fel tasa hi'n galw ar was bach. Roedd boi watsys wrthi'n ddistaw bach, bach yn llyncu mwy o'r mefus. 'Dowch yn eich blaen, da chi!'

Choelia i byth nad oedd 'na sŵn cyllyll a ffyrc ym mhocedi Stifyn pan ddâth o allan o'r car wrth ymyl tŷ ni i agor drws tu ôl i Mam a fi. Mi âth Jean Louise hefo fo, i'w ddanfon o adra, medda hi. Ddâth hi ddim yn ôl am dair awr o leia, a dydy Stifyn Watsys ddim yn byw rhyw lawar mwy na chwartar milltir o dŷ ni.

Siop Gryffis

Yn Siop Gryffis y gwelis i nhw. Roedd y mwya fel tasa fo wedi câl 'i fwydo hefo ffa wedi 'u casglu oddi ar y coed hynny ddaru Jac ddringo ar 'i ffordd i'r Nefoedd. Roedd y llall yn debycach i fy maint i.

Doedd 'na fawr o ola yn y siop, y perchennog ofn hel bilia ac yn dibynnu ar fylb pump ar hugain, y bylb cynta rioed i mi bron fethu â'i weld.

'Your money or your life!' bygythiodd y mawr. Roedd ganddo fo hancas bocad las o gwmpas 'i geg a honno'n 'mestyn dros 'i drwyn. Mi fasa'n fy mygu i, a finna ar y pryd yn diodda cymint o annwyd trwm.

'Dos di adra'n hogyn bach da, wasi,' medda Gryffis. 'A deud wrth dy fami am ddŵad yma hefo pres i brynu fferin i ti.' Roedd o'n ista'n cŵl wrth f'ochor i. Gofalu am y til ar 'i ista ydy prif bwrpas 'i fywyd o bellach. Tasach chi'n bygwth 'i grogi, fedra fo ddim sefyll ar 'i draed 'i hun yn hir.

Rargol, dyma 'na ddwrn llydan fel y darn praffaf o goes mochyn yn disgyn ar y cowntar pren nes roedd y til yn siglo o ochor i ochor ac yn crynu fel jeli o flaen ceg agored Gryffis. Lwcus i Dic Tyrpin na ddaru o ddim trawo'r cwpwrdd arddangos ne mi fasa'r gwydyr wedi agor 'i law o fel canol pennog newydd gâl 'i llnau. Mi drawodd bys Gryffis y jacpot yn syth bin ac fe agorodd y til o flaen fy ngwynab. Roedd Tonto yn dal i fod yn ddyn du yn y cysgodion ond roeddwn yn gweld digon ohono i benderfynu nad oedd arnaf 'i ofn. Roedd Dic Tyrpin mewn dosbarth pur wahanol.

'Ylwch, hogia!' medda fi gan gymyd y cyfrifoldab ar f'ysgwydda fy hun. On'd oeddwn i'n rhyw lun o Is-Reolwr er y diwrnod cynt? 'Roedd 'na bedair punt o fflôt yn y til ar ddechra'r noson ac rydan ni wedi gwerthu dau chwartar o fferin ac un bocs matsys. Punt a phedwar deg dau o geinioga'n chwanag, yntê Mistyr Gryffis?' Amcangyfrif pur dda a chysidro mai Gryffis a dderbyniai'r arian. Nodiodd 'rhen foi fel tasa'i ben o'n bêl rygbi, a fynta'n gneud 'i ora i'w thaflu'n ôl i'r cefnwr.

'Dyn tlawd ydi Mistyr Gryffis 'ma, hen bensiwnïar go-iawn. Drychwch arno fo! Tydach chi'n gweld bod 'i siwt frown o wedi gwisgo'n dylla. A drychwch fel mae o'n crynu fel jeli, wedi cynhyrfu drwyddo.' Oedd, tawn i'n marw, roedd bysadd 'rhen foi, ohonynt 'u hunain, yn esgus chwara piano ar y cowntar.

'Ydach chi'n mynd i ddwyn y cwbwl sy ganddo yn y byd? Hen ddyn diamddiffyn!'

Dâth llaw fel feis i glampio am fy ngarddwrn.

'Hei, Spendar, cau di dy hop, a thyrd â'r pres i ni, boio. Yn daclus mewn bag!'

'Tasach chi'n mynd â dwy bunt a gadal y gweddill fasan ni ddim yn deud wrth yr Heddlu, yn na fasan, Mistyr Gryffis?'

Nodiodd y pen unwaith eto. I'r asgell roedd y bêl am fynnu mynd y tro yma. Distawodd Dic Tyrpin wrth i'w feddwl fyfyrio ar y cynnig.

'Two-fifty,' medda fo o'r diwadd, *'and it's a deal. One-fifty* i mi a *one* iddo fo.'

'S'mai!' gwaeddis gan godi fy llaw ar Tonto. O'r diwadd roeddwn wedi nabod Edwin Clicyti-Clic, un o ddynion-busnas-mawr stryd ni. Ma' Edwin yn un deg naw ac yn byw'n swyddogol ar y dôl. Yn answyddogol fo ydy trefnydd howsi-howsi, ne bingo os leciwch chi, i bobol ddi-waith 'rardal, a phob un arall sy'n teimlo fel câl hannar i fygu hefo mwg baco unwaith 'rwsnos. Yn swyddogol, i Eglwys Pab — am gâl benthyg un stafall — y ma'r elw'n mynd. Yn answyddogol does 'na neb yn poeni am rheiny cyn bellad â bod y gwobra'n rhai da. Ac y maen nhw'n rhai da, o achos ma'r bobol ar y dôl yn 'u rhoi nhw 'u hunain!

'Y diawl gwirion!' medda Dic Tyrpin wrth 'i bartnar. 'On' toeddwn i wedi deud wrthat ti am gadw yn y cysgodion!'

'Sori!' medda Edwin mewn llais ymddiheurol go-iawn. 'Yn y gola gwan 'ma fedrwn i weld fawr ddim o'r drws ac felly mi benderfynis ddŵad yn nes.'

Mi ddaliodd Dic Tyrpin 'i ben rhwng 'i ddwylo mewn anobaith llwyr. Bron na fedrwn i deimlo drosto fo!

'Be ydan ni'n mynd i' neud rŵan?' gofynnodd mewn penblath. 'Os basan ni'n dilyn esiampl y teli, mi fasan ni'n saethu'r ddau yma ac yn llosgi 'u cyrff nhw, esgyrn a'r cwbwl lot. Dinistrio'r dystiolaeth yn llwyr!'

'Be?' gofynnis, yn methu â choelio fy nghlustia. 'Am chwephunt!'

Fe ddaru Dic Tyrpin sefyll yn 'i unfan â'i law ar 'i galon fel tasa fo newydd gâl 'i saethu. Ar ôl cysidro'n ddwys dyma fo'n deud,

'Mi dderbyniwn ni'r cynnig.'

'Ma'r cynnig wedi newid,' medda fi. 'Punt pum deg, ac addewid na ddowch chi ar gyfyl siop 'ma eto.'

'Iawn!' medda Dic Tyrpin. 'A llond dwrn o'r anisîd drops 'na i mi.'

Mi rois i nhw yn 'i law o hefo'r bunt pum deg yn glynu wrthyn nhw. Rhoes ynta ddau da-da, a dim byd arall, i Edwin.

'Diolch am ddim,' medda hwnnw'n flin. Mi sleifiodd allan yn dursia i gyd.

'Wyth geiniog o gollad ar noson,' cyhoeddais ar ôl i'r Maffia ddiflannu.

'A dy fywyd ti a mi,' medda Gryffis yn ddoeth.

'Pam na rowch chi'r ffidil yn to hefo'r busnas 'ma?' gofynnis i iddo. 'Dydach chi'n gneud dim byd ond collad.'

'Tasa dy dad a dy daid wedi ymlafnio mewn busnas a chditha'n gorfod 'i werthu fo i estron, mi fasat titha'n teimlo rêl Jwdas, yn basat?'

Sicrheais ef bod fy nhad a fy nhaid wedi gwario oesoedd yn y busnas sgrap ond na faswn i'n codi bys bach i achub hwnnw.

'A pheth arall,' medda fi, yn benderfynol o ddangos fy mod inna'n ddoeth hefyd, 'hanes ydy hynny, a fedar neb fyw ar beth felly, neb ond athro Hanes.'

Pan oeddwn i'n fach, fach mi fydda Mam yn prynu pob dim ond dillad yn siop Gryffis ac yn setlo'r cyfri, gora medra hi bob tro bydda 'rhen ddyn yn talu am 'i fwytha'. Roedd hynny yn 'radag pan oedd hi'n paratoi'r bwyd 'i hunan a'i goginio fo go-iawn. Wedyn y daru hi ddarganfod petha mor hwylus ydi archfarchnadoedd a'u bod nhw'n helpu iddi gâl mwy o amsar i janglo, smygu a darllan y *Sun*. Erbyn hyn does 'na ddim ond dwy res o boteli fferin yn siop Gryffis, dwy res o boteli da-da henffasiwn a dim byd arall o gwbwl. Na, dydy hynny ddim yn hollol wir. Ma' 'na un pacad o sigaréts a bocs o fatsys yn y cwpwrdd arddangos ar gyfar Ted-An-Cet sy'n galw unwaith 'rwsnos i roi'r byd yn 'i le. Mi fydd Gryffis yn mynd i Tesco yn unswydd bob bore Sadwrn i brynu'r pacad a'r bocs er mwyn câl 'i werthu fo am 'run pris ganol 'rwsnos.

'Faint sy arna fi i ti?' gofynnodd ar ddiwadd y noson.

Chawson ni ddim cwsmar arall ar ôl i Dic Tyrpin a'i fêt ffarwelio. Mi allwn fod wedi gofyn am deirpunt ne well, a finna'n rhyw fath o Is-Reolwr. Ond fasa hynny'n gadal fawr ddim i 'rhen foi i gychwyn busnas y noson ganlynol. Felly fe gytunis ar chwartar o anisîd drops, dipyn bach mwy na be gafodd Edwin Clicyti-Clic am fod yn Tonto.

Roedd lampa Acacia Avenue yn tywynnu'n felyn-wyn a'r strydoedd cefn fel llwybra mynwant pan oeddwn i'n cerddad adra.

'*Good Night*' dymunis i ryw gono a dorrai wynt fel peiriant moto-beic wedi tagu ar olew rhy dew. Ddaru o ddim atab ond mi drodd yn 'i ôl i foesymgrymu yn sigledig yn 'i hannar fel tasa fo'n ganwr yn paratoi i roi encôr. Sgrialu i fyny'r stryd a sefyll wrth f'ysgwydd ddaru'r car.

'Ty'd, cama i mewn!' Llais Edwin Clicyti-Clic.

'Dim ffiars o beryg!' atebis. 'Rydw i wedi câl digon arnat ti am un noson.'

'Ty'd 'laen!' medda llais arall. Llais Tomi Scot tro yma.

'Be ddiawl wyt ti'n neud hefo'r Maffia?' gofynnis. 'Ma' hwn yn ddigon hen i fod yn dad i ti.'

'Hei, chwara teg!' medda Edwin. 'Tydw i'n ddim ond un deg naw.'

'A ma' Nain yn un ar hugain!' medda finna'. 'A lle'r wyt ti wedi cuddio Dic Tyrpin?'

'Pwy?' gofynnodd gan edrach yn rhyfadd arna i fel taswn i wedi magu dau ben. 'O, Gwyn rwyt ti'n feddwl! Adra am wn i. Wyt ti'n dŵad ai peidio?'

Stwffiais i mewn i du ôl y car. Roedd 'na rýg fawr wych o dan fy nhin a honno fel 'sgodyn melyn yn ogleuo o fwg.

'Lle cest di hwn, Edwin?' gofynnis i Clicyti-Clic.

'Lle'r wyt ti'n feddwl, mab?'

Mi allwn gicio fy hun, yn dangos f'anwybodaeth fel'na! Car wedi 'i feddiannu'n rhad ac am ddim oedd o. Fasa

Edwin byth bythoedd yn medru talu am gar go-iawn.

'Awn ni am tsips i lawr i 'rhen gei,' medda Edwin. Mi sathrodd y sbardun nes roedd y car yn hyrddio ymlaen fel ci wedi câl 'i gaethiwo wrth dennyn am oria ac yn symud fel melltan yr eiliad y cafodd o'i drwyn yn rhydd.

'W-w-w-i!' gwaeddodd Tomi Scot mewn mwyniant pur yn y sedd flaen. Siglai 'i gorff o ochor i ochor hefo'r car. Roedd walia tai yn neidio allan o'r twllwch a'r teiars yn sgrechian mewn poen. Bron, bron i'r fonat fyta un ci bach oedd yn mynd am dro hefo'i feistras. Mi safodd y car unwaith mewn safla lle roeddan ni'n medru gwyliad — drwy ffenast tŷ, a dim ond dwy lath i ffwrdd — rhyw ddyn yn mwynhau 'i swpar.

'Allan, hogia!' gorchmynnodd Edwin ar ôl sefyll ar y brêc.

'Pam, be sy?' gofynnis, heb sylweddoli yn y rhuthr ble roeddan ni.

'Tsips, *on the house!*'

Mi dalodd amdanyn nhw, chwara teg iddo fo. Ma'n siŵr bod cynnal Bingo yn medru bod yn waith proffidiol.

'Dwyt ti rioed yn mynd adra?' gofynnodd mewn syndod gan beri i mi deimlo'n euog. 'Am dro bach i ddechra, yn ara deg w'sti. Does dim angan brysio.'

Mi es i hefo nhw. Fel teiffŵn i fyny'r lôn osgoi ac wedyn fel hyricên o gylch ac o gylch yr ynys sy ar ben honno nes roedd y 'mhen i'n dechra troi a fy llygid bron â ffarwelio hefo fy nhrwyn. Doedd dim angan i 'rhen foi yn y Rofar golli 'i limpyn a dŵad ar 'yn hola ni, ond dyna be nâth o. Ar un adag ni fu ond y dim iddo lwyddo i fynd heibio i ni. Dyna lle roedd o ar ochor allan mewn lôn wedi'i gneud ar gyfar un car a Tomi Scot yn crechwenu arno fo drwy'r ffenast ac yn rhoi'i fawd de ar flaen 'i drwyn ac yn ysgwyd 'i fysadd yn bryfoclyd. Mi drychodd yn flin ar Tomi a'r eiliad nesa' roedd ei gar wedi rhoi cythral o sws i bostyn ar ochor yr ynys. Fe aethon ni heibio unwaith wedyn er mwyn câl deud 'Ta-ta' wrtho fo ond fe âth Tomi dros ben llestri. Agorodd ffenast y car a sgrechian canu 'rhen gân honno fyddan ni'n ganu ar gae ffwtbol weithia, *Why was he born so beautiful, why was he born at all.*

Pan aethon ni i'r ffordd fawr ymddangosodd car y Glas mor annisgwyl â bwgan gefn dydd gola.

'Cadwch afal ar 'ych gwalltia, hogia!' gorchmynnodd Edwin. Yr eiliad nesa gallwn deimlo'r car yn llamu 'mlaen fel awyren ar fin codi i fyny i'r awyr.

'O-o-o-o-ho-ho-ho-ho,' canodd Tomi mewn cryndod pleserus.

'Ma'n nhw'n dal i fyny,' rhybuddiais Edwin o'r sedd gefn.

'Reit!' medda fo. 'Ffwl stop rŵan.'

Yr eiliad nesa safodd ar y brêc. Troes y car yn 'i unfan unwaith, ddwywaith cyn saethu i'r chwith i fyny ffordd gul rhwng strydoedd o dai llwydion, hyll heb 'run enaid byw ar 'u cyfyl. Chwyrlïodd y Glas i lawr y lôn fawr.

'Allan!' gwaeddodd y Captan. Roeddem ar ymylon clwt o dir lle roedd ci bach truenus yr olwg arno fo newydd fod yn plygu 'i ben-ôl mewn anobaith. Drychodd yn gyhuddgar arnom drwy lygid yn llawn dagra, ac yna llusgodd ymlaen i chwilio am gornal dawelach.

'Ffordd hyn, hogia!'

Arweiniodd Clicyti-Clic ni ar draws gardd rhyw foi oedd wedi llwyddo i dyfu nionod bron gymint â fy mhen. Fedrwn ni ddim peidio â sathru rhesiad o'i datws. Chwara teg doedd gola'r stryd ddim yn taflu i'r ochor honno. Gwahanu ar ôl cyrradd clawdd terfyn 'rardd a mynd adra'n ddistaw bach rhag ofn i'r Glas ein drwgdybio.

Roedd 'rhen ddyn yn ista yn 'i gadar yn edrach ar ffeit rhwng y ciliog 'na, Eubank, a rhyw foi arall. Nâth o ddim sylwi arna i o gwbwl ond mi ddaru Mam ofyn am y gyflog.

'Gymwch chi un?' cynigiais gan estyn y bagiad o ddada anisîd.

'Ych-a-fi,' medda hi. 'Hen betha yn glynu wrth fysadd a dannadd gosod. Am y pres roeddwn i'n holi.' Egluris nad oedd y busnas yn ddigon llewyrchus i ganiatáu talu cyflog, ond fedra hi ddim amgyffrad y fath sefyllfa. Wnes i ddim boddran deud y basa safla ariannol 'rhen Gryffis yn well o beth coblyn petai hi a'i bath wedi dal i siopio yno. Wnes i ddim sôn chwaith 'i fod o'n prynu pacad o sigaréts a bocs o fatsys bob wsnos er mwyn câl 'u gwerthu nhw am 'run pris i Ted-An-Cet. Dydy dyn busnas sy'n gneud petha felly ddim yn haeddu câl gwasanaeth Is-Reolwr, yn nac ydy?

Roedd 'na wsnos wedi mynd heibio, siŵr o fod, cyn i mi deimlo 'i bod hi'n saff i mi fynd lawr i'r Pioneer Stores. Dydy hi ddim yn talu i neud sioe ohonoch 'ych hun pan fydd yr Heddlu, ella, yn dechra dangos diddordab ynoch chi. Erbyn imi gyrradd roedd y siop ar gau a'r tŷ yn dywyll fel cwt glo. Mi es i rownd a rownd yr eiddo i chwilio am unrhyw arwydd o fywyd, ond welis i ddim byd rhyfeddach na ryw gradur oedd fel finna yn bysnesu o gwmpas tŷ.

'Hei!' gwaeddis arno fo. 'Bygra hi o 'ma! Ma' f'ewythr yn dŵad adra heno.'

Nâth o ddim cymyd y goes fel roeddwn i'n ddisgwyl. Yn lle hynny mi gerddodd yn syth ata i ac mi drychodd i lawr arna i, fel polyn lein yn mesur peg.

'Be ddeudis di oeddat ti'n perthyn iddo fo?'

'Pam? Pa fusnas ydy hynny i chi?'

Dim ond ceisio bod yn ddewrach na'r hyn roeddwn i'n deimlo. Âth un llaw fel mellten i'w bocad gesail, a dâth â . . . Na! Nid gwn ond cerdyn nabod (Heddlu) oedd yn 'i law. Blaidd mewn dillad dafad!

'Mwy o ffrind nag o berthynas,' egluris. Drwy lwc roedd Gryffis wedi sôn am fy modolaeth cyn câl 'i lusgo i gartra hen bobol.

'Ddaw o byth yn 'i ôl,' eglurodd y llwynog gan weu golwg drist ar 'i wynab, i siwtio'r amgylchiad, fel petai.

Roeddwn i'n drist go-iawn, beth bynnag! Fydd 'na neb yn gwerthu da-da henffasiwn, byth, byth, bythoedd eto yn y dre. Taswn i wedi mentro i lawr yn gynt, ella y baswn i wedi medru helpu i gadw'r drysa'n gorad am chydig bach mwy. Ond fasa hynny'n gneud dim ond gohirio rhwbath oedd yn bownd o ddigwydd.

Moch Bach a ballu

Rwy'n gorwadd yn y gwely hefo Anti Jil, ac y mae'i phenelin ar f'ysgwydd yn fy nal i ar hannar hyd braich oddi wrthi. Gallaf 'i chlywad yn chwyrnu'n sidêt ysgafn, nid rhyw sŵn fel eliffant yn atab Tarsan fel bydd 'rhen ddyn yn neud pan fydd o wedi câl cratshiad o lysh ac yn cysgu fel pren ar lawr y gegin. Ma' Anti Jil yn dechra dangos 'i hoed ers rhyw flwyddyn ne ddwy rŵan. Wel, be fasach chi'n ddisgwyl a hitha'n gorfod byw hefo pac o drwbwl fel Yncl Edi ac yn fam i Jim o bawb. Ma' Jim wedi dengid i Lundan ers rhyw hannar blwyddyn, a bellach does neb yn gwbod yn iawn ym mha dwll ma' fo'n cuddiad. Cyn iddi fy ngwthiad i'r parad roeddwn wedi tynnu cledr fy nhroed ar draws coes mewn croen melfad, ac wedi câl yr un teimlad ag a ges i erstalwm wrth dynnu fy llaw ar hyd menig priodas Mam. Roeddwn yn ddigon agos at y bronna 'na i deimlo'u cnesrwydd a nhwtha'n codi fel brynia bach o sbwnj o flaen fy llygid . . . Dydy Mam ddim wedi rhoi mwytha i mi ers blynyddoedd . . .

Neithiwr ddwytha, roedd 'rhen ddyn yn deud 'i hanas o ac Yncl Edi yn Madison Square Gardens. Roedd Yncl Edi yn rhif chwech Bantam y Byd 'radag hynny, ac yn ymarfar ar gyfar bocsio hefo'r rhif pedwar, Emilio Martinelli, un o'r Bronx er gwaetha'i enw.

'Grís leitnin, dyna be oedd o!' medda 'rhen ddyn am

Yncl Edi, 'a dim ots ble bydda fo'n bocsio, mi fydda, siŵr Dduw i ti, yn canu Dani Boi cyn diwadd y noson.'

'Pam Dani Boi?' medda fi.

'Am ma' un o'r Ynys Werdd oedd dy daid. Arglwydd, dyna iti ddyn, rêl Jimi Wilde! A chroen 'i wynab o'n farcia i gyd fel gwep 'rhen bolitishian carrag 'na sy ar ganol sgwâr dre. A hel merchaid . . . Duwadd, roeddan nhw'n hedfan i'w freichia fo fel gwenyn i bot jam. Doedd dim rhaid iddo agor 'i geg hyd yn oed!'

Hy! medda fi wrthyf fy hun. Dyna lle mae o wedi câl y gwendid. Pa obaith sy 'na i mi?

'Eniwê,' medda fo, 'ar ôl treinio am ddeg diwrnod calad ar ôl cyrradd yr *United States of America* dyma Edi a fi yn penderfynu ein bod ni'n haeddu câl dipyn bach o hwyl. Ond roeddan ni mewn Cwarantín Bocsar, ac i fynd allan roedd yn rhaid inni fynd heibio Bonso — dyn wedi câl 'i dreinio i fod yn *guard dog*. Wyddost ti 'u bod nhw'n deud bod Bonso yn cysgu hefo un llygad yn agorad? Ffaith i ti! Hen focsar oedd o, wedi câl 'i drawo gymint nes bod 'i frêns o wedi plygu yn 'u hannar a'i law chwith yn gwrthod codi yn uwch na'i geg. Fuodd o rioed yn yfwr a fuodd o rioed yn hel merchaid, ond roedd ganddo fo un gwendid. Roedd o'n ffond iawn o gacan fala.'

'Y!'

'*Apple tart*, wasi. A dyma Edi a fi'n cwcio trap ar 'i gyfar o. Dyma ni'n prynu cacan anfarth a charton mawr o hufan dwbwl. A'u rhoi nhw reit ar ganol bwrdd y gegin. Fedra fo ddim mo'u methu nhw tasa fo'n gwisgo sbectol ddu. A doedd o ddim isio'u methu nhw chwaith. Iesgob, roedd o'n llyncu fel ceffyl! Mi ddaru ni 'i wylio fo drwy dwll rhwng y drws a'r wal. Wyddost ti bod y gacan a'r hufan yn mynd i lawr fel sbwriel i fol lori faw. Mi 'rafodd ar ôl byta'i hanner hi, ac wedyn roedd o'n colli rhyw bum milltir yr awr o sbîd fesul tamad.

'Fe roeson ni ryw hannar awr arall i'r fala setlo yn 'i geubal ac yna mi aethon ni'n ôl i weld be oedd y canlyniada. Choeliat ti byth! Roedd Bonso yn gorwadd ar 'i fol ar ben bwrdd ac roedd o'n griddfan fel petai rhywun wedi 'i drawo fo yn 'i focs bwyd.'

'Awn ni, Edi?' medda fi.

'*On the town*, boio!' medda fo.

Cyn y medrat ti ddeud John Brown roeddan ni mewn tacsi yn rhuthro i ganol bywyd y ddinas. Mi welson ni lot o betha del yn dal wal stryd i fyny, ond roedd Edi'n rhy gall i ddeud helô wrth bocs wsnos cyn cwffio, a finna'n mynd i'w ddilyn o ble bynnag roedd o'n mynd. Felly dyma ni'n deud, 'dim diolch' yn ein Susnag gora ac yn ffarwelio'n neis hefo nhw. Ond doeddan nhw ddim isio deud 'Ta-ta' mor ffwr-bwt wrthon ni. Cyn bo hir mi ddâth 'na ddau o fois peryg hefo cyllyll i'r golwg. *Limey* oeddan nhw'n galw Edi, a fynta'n deud mai meindars oeddan nhw. Mi agorodd un ohonyn nhw 'i geg braidd yn rhy amal, ac mi rôth Edi ei ddwrn ynddi hi nes roedd o'n sbydu dannadd fel pys i bob cyfeiriad.

'*Same again?*' gofynnodd, rêl gŵr bonheddig i'r llall, ond nâth hwnnw ddim aros i brofi 'run peth. Fe aethon ni ar y lysh wedyn. Edi yn talu.

'Hogyn ffeind oedd Edi wsti . . . Dyna'i wendid o . . . Yn y ffeit hefyd . . . Roedd o wedi llwyddo i gâl Emilio mewn cornal a dim ond isio y wan-tŵ i'w roi ar y canfas. Ond mi drychodd Edi ar y gwaed oedd yn dod o geg Emilio ac ar y llygad chwith oedd wedi agor fel tun sgodyn ac mi adawodd iddo ddengid, *off the hook*, wasi. Pan gafodd Emilio gyfla i fod yn fwtshiar nâth o ddim ailfeddwl cyn trawo Edi o dan glicied 'i ên. Drawo fo'n syth i Wlad Cwsg! Ond wyddost ti nad oedd 'na 'run marc ar Edi, er mai Emilio aeth ymlaen am y goron. A dyna ddiwadd ar Edi.'

'Nâth o ddim bocsio wedyn?'

'O do! Ond rywsut ddâth o ddim i ben doman wedyn. Roeddan nhw — y bobol bwysig, y trefnwyr — wedi 'i nabod o. Mewn gwirionadd doedd ganddo ddim *killer instinct*. Heb hwnnw, at i lawr y ma' bocsar yn bownd o fynd.'

'Heno,' medda 'rhen ddyn am neithiwr, 'mi gwelis i o'n mynd allan am y rownd ola, ar 'i hyd ar y stryd. 'Dal dy afal ar y rhaff, wasi,' medda fi wrtho fo. 'Mi fedri di godi cyn i'r cyfri gyrradd deg!' "Dim ffiars, John bach!" medda fo rhwng 'i ddannadd — roedd o mewn poena. "Ma'r boi sydd yn y gornal bella 'na yn bencampwr byd. Dydy o byth yn colli." Ac mi drawodd anga fo o dan y belt, a fynta'n barod ar 'i hyd ar lawr. Roedd ticar un o'r dynion ffitia yn yr holl fyd wedi clogio hefo lysh a bywyd braf. Yn fy mreichia i y buodd o farw, fy mrawd bach i a fy ffrind gora yn y byd!'

Rargian, roedd 'i lygid o'n llawn dagra, a fynta ddim wedi câl llawar i yfad! A finna', ia fi, yn teimlo rhyw awydd i grio hefo fo. Hefo fy blydi tad o bawb!

Heno y daru Anti Jil gwyno 'i bod hi'n teimlo'n unig yn yr hen dŷ mawr 'na hefo neb ond y corff ac y cynigiodd Mam y baswn i'n mynd yno i gysgu ati hi. Wnes i ddim ceisio gwrthod. A deud y gwir, roeddwn i'n edrach 'mlaen at gâl mynd o olwg 'rhen ddyn am dipyn. Nid bob amsar y mae o mor sentimental ac mor addfwyn. Roeddwn i'n medru rhag-weld diwedd y ffit glên 'ma a fynta'n mynd yn gythral gwaeth nag arfar.

'Mi gei di wely Jim,' medda hi gan wenu'n ffeind arna i. Roedd papur wal y llofft yn drwch o lunia Rupert Bear a rhyw betha babïaidd henffasiwn felly. Dim rhyfadd bod Jim wedi dengid i Lundan! Ond roedd ganddo deli wrth ymyl 'i wely, a phob cyfleustra yn 'i stafall. Iesgob, faswn i ddim yn meindio symud i mewn i'r tŷ 'ma am byth bythoedd! Mi faswn yn câl llonydd gan 'rhen ddyn dan Sul y pys, ac rwy'n siŵr bod Anti Jil yn well cwc na Mam. P'run bynnag, fedra hi ddim bod yn waeth na hi!

Y mae'n debyg fy mod wedi syrthio i gysgu, cyn drymad â dyn yn diodda o *jet-lag*, pan ges fy neffro. Anti Jil yn fy ysgwyd yn iawn!

'Be s'ar yr hogyn 'ma d'wch?' oedd hi'n ddeud drosodd a throsodd.

'Be dach chi isio?' medda fi. Dim rhyfadd fy mod i mor syn. Duwadd, nid bob noson y mae un o f'oed i'n câl 'i ddeffro gan ddynas mewn coban fer, fer a'i chlunia hi fel rhai reslar Sumo! Roedd y rhan ucha ohoni bron, bron â byrstio allan o'r wisg.

'Henry bach,' medda hi, a dagra yn powlio o'i llygid, 'tyrd ata i, 'ngwas i!'

Wel . . . mi fedrach fod wedi fy nhrawo i lawr hefo pluen. Hogyn ysgol ydw i o hyd, ond rwy'n barod i ddysgu!

'Ma' gin i ofn, ar fy mhen fy hun bach,' medda hi. 'Ofn bwganod!' Dyma fi'n deud wrthi hi na fasa Yncl Edi wedi mynd yn fwgan eto. Sut y medra fo yntê, a fynta'n dal i fod yn gorff yn y tŷ? Rywsut nâth hynny ddim helpu'r achos. Mi ddaru hi grio o ddifri wedyn a gafal fel cranc yna i, o gwmpas fy ngwddw. Yna dyma hi'n gwasgu fy mhen i i ganol 'i bronna a dyma'r rheiny'n chwyddo allan o gwmpas fy nhrwyn i gan neud i mi deimlo fel taswn i wedi glanio ar un o'r petha neidio i fyny ac i lawr hynny sy mewn ffair. Ac eithrio fy mod i allan o wynt doeddwn i fawr gwaeth ar un ystyr, ac yn llawar iawn gwell ar ystyr arall. Wedyn dyma hi'n fy llusgo i allan o'r gwely fel cath wedi câl gafal ar gwningan. Ta waeth, 'Wynebaf fy nhynged' medda fi wrtha fy hun. Roedd fy nghalon a phob rhan arall ohona i'n barod i ddeffro'n gynhyrfus pan ddaru hi 'ngosod i'n annwyl iawn yn 'i gwely hi. A neidio i mewn wrth f'ymyl i? Wel na . . . ddim yn hollol . . . ddim o gwbwl a deud y gwir. A, fel y deudis i cynt, fu hi fawr o dro yn fy ngwthiad i cyn bellad ag y medra hi, ar ôl i mi fod chydig bach yn bowld.

00.35a.m. — Ma' hannar awr wedi mynd heibio ac ma' Anti Jil yn chwyrnu'n ddistaw bach unwaith eto. Yng ngoleuni'r lamp-nos rwy'n gweld 'i bronna yn mynd i fyny ac i lawr, yn union fel tasa rhywun wedi chwythu balŵns ac yna'n gollwng gwynt ohonyn nhw — ond ddim i gyd — cyn 'u hailchwythu nhw, drosodd a throsodd i fyny i'r pwynt lle mae swigod yn torri'n chwilfriw. Y mae'r un 'gosa ata i fwy yn y golwg. Y mae'n edrach yn debyg i fochyn bach gwyn, glân hefo ceg binc ganddo fo a honno'n crymu at allan. Rwy'n rhoi bach i'r mochyn ac yn gwasgu 'i geg yn ysgafn rhwng bys a bawd, i edrach ddaw 'na rwbath allan ohono fo. Rwy'n cael sioc fy mywyd! Ma' Anti Jil yn rhyw chwartar deffro ac yn gafal yn . . . wel yna fi! Yr un mor sydyn y mae hi fel petai'n sylweddoli mai Marc Dau, titw, titw sy 'na. A hitha wedi meddwl, ella, 'i bod hi'n gafal ym Marc Un.

Y canlyniad ydy fy mod i'n câl hergwd allan o'r gwely ac yn syrthio ar y carpad a gorwadd yno drwy'r nos. Ac yn câl annwyd! Rhwng y cwbwl rwy'n meddwl yr af adra i fy ngwely fy hun heno. Ma'n well gin i ddiodda 'rhen ddyn na châl fy nhreisio gan wraig weddw. A honno'n chwartar call yn y fargan!

Fe ddaethon nhw o bedwar ban y byd — chwadal Mam — i'r c'nebrwn. Dynion cawraidd hefo trwyna tomato wedi câl 'u plastro ar ganol 'u hwyneba a'u clustia nhw'n gneud i Charlie Wales edrach yn ddel. Bob un mewn siwt bengwin, wedi câl 'u benthyg, medda 'rhen ddyn. A phan nâth Ned Polo Mints chwara'r *Last Post* tynnodd pob un wan jac ohonyn nhw hancesi pocad seis lliain bwrdd allan o'u pocedi a chwythu 'u trwyna gyda'i gilydd mewn tiwn.

Yn union fel rhes o utgyrn yn dilyn biwgyl Ned. Wedyn y daru Anti Jil lusgo at y bedd gan bwyso ar fraich 'rhen ddyn.

'*Drinks* yn tŷ i bawb,' medda'r Dyn Claddu . . . Yn syth bin âth wyneba'r hen grocs yn debycach i wyneba pobol go-iawn — yn lle bod yn wyneba robots. Rhyngddyn nhw mi ddaru nhw yfad diod Yncl Edi druan i gyd, hyd yn oed y *bitter lemon* a'r *Britvic Orange*.

'Mi wna i aros chydig bach i glirio fyny ar 'u hola nhw,' medda 'rhen ddyn ar ôl i'r dwytha o'r hen grocs rowlio allan.

'Ia, gwna di, wasi,' medda Mam gan wenu'n angylaidd arno fo. Bron na allwn glywad 'i meddwl yn deud yn fodlon braf, 'Dyna ŵr ffeind sy gen i.'

Roedd y wawr wedi torri a'r hen drejar bach 'na sy'n yr harbwr wedi llnau 'i gwddw a chwythu'i hwtar cyn i mi glywad traed sana yn llithro heibio fy stafall wely. Yn ddistaw bach, bach, ond roedd o'n chwibanu Dani Boi! Yn ddigon uchel i mi nabod y diwn. Tybad a welodd o y mochyn bach hefo'r geg binc?

Ned Palu 'Mlaen

Ma' Anti Jil wedi atab hysbýs *Lonely Hearts* ac ma' hi wedi mynd i fyw hefo Pacistani yn Bradford.

'Chwara teg iddi hi, wir,' medda Mam. 'Ella y gneith hi ffeindio cariad go-iawn am y tro cynta yn 'i bywyd.'

Dydy Mam ddim yn darllan llawar o lyfra ond gallwch ddeud bod pob un wan jac ohonyn nhw'n romansys. Dynas ramantus ydy hi yn y bôn.

'Doedd 'i bywyd hi hefo Edi ddim heb rwfaint o románs!' medda 'rhen ddyn, yn teimlo dros 'i fwgan o frawd, ac yn ddigon naturiol hefyd, yntê?

'Sut medrwch chi gredu hynny, a nhwtha wedi bod yn cwffio fel ci a gast gymint o weithia?'

Os nad ydy brawd y bwgan, oedd yn dŵad i edrach am Anti Jil pan oedd hi'n byw yn dre, yn mynd i boeni amdano fo, pwy wneith, yntê, a fynta', y bwgan, erbyn hyn yn deud, 'Rwy'n dy garu di', mewn rhwystredigaeth wrth y cymyla.

Ma' 'rhen ddyn yn torri record o'r newydd bob dydd. Heddiw gall ddeud 'i fod o wedi byw am bum mis heb fynd allan i yfad 'run dropyn — o stwff cry felly. Cofiwch chi, mae o'n câl potal yn tŷ bob nos ac yn cadw cratshiad ne ddau i lawr grisia yn y selar. O dan glo! Ofn mynd 'run fath ag Edi ma' fo, medda Mam, ond y mae hi'n blês hefo'i gŵr ri-môld.

Ma' Jean Louise yn byw tali hefo Stifyn Watsys a ma' fo a 'rhen ddyn wedi mynd yn bartneriaid mewn busnas i werthu tabledi, rhyw betha 'ginseng' mewn gwirionadd, i bobol y wlad. Mi ddaru o a Stifyn fynd at Reolwr y Banc i ofyn am fenthyg pres i brynu fan newydd sbon danlli ar gyfar y busnas. Chwerthin ddaru'r dyn mawr a gofyn,

'Faint o blant sy gynnoch chi, Mistyr Archer?'

'Wyth,' medda 'rhen ddyn. Be oedd ar y co? On'd oedd y rhif ar y Ffurflen Gais! Nâth 'rhen ddyn ddim boddran sôn am amball un mae o wedi 'i hau'n ddamweiniol yma ac acw ar hyd a lled y byd.

'A chawsoch chi ddim tabledi o gwbwl? Cyn 'u câl nhw?' Rêl comidian, yntê? Ond doedd 'rhen ddyn erbyn hyn yn gweld y gic yn dŵad o bell!

'Fasa ddim yn rhatach i chi fynd o gwmpas ar feic i werthu eich profiad? Mi ddyla hwnnw fod yn werthfawr iawn. A fasa gynnoch chi ddim byd i'w gario wedyn, dim byd ond chi'ch hun.'

Mi ddaru 'rhen ddyn godi mewn diflastod a deud rhwbath, dipyn bach o dan 'i wynt, am fynd i weld banc arall a throsglwyddo'i gyfri.

'Ia, cerwch chi!' medda'r geg fawr. 'A phan fyddwch chi yno deudwch wrthyn nhw bod croeso iddyn nhw lyncu dylad Mistyr Ogliansi (hynny ydy Stifyn) ar un gwynt.'

'Pam na fasat ti'n deud bod gin ti gyfri hefo'r blydi banc 'na?' gofynnodd 'rhen ddyn ar ôl mynd allan i'r stryd. Roedd o'n rhy brysur i ddeud dim cyn hynny gan 'i fod o'n gorfod 'sgwyddo baich 'i urddas allan drwy'r drws.

'Bygar it!' medda Stifyn. 'Roeddwn i wedi gneud *note* yn llyfr bach bod nhw wedi newid Manijer yn banc ar gornal, ond nid hwn'na oedd hwnnw erbyn meddwl ond 'run wrth y *traffic lights.*'

'Sawl cyfri sy gen ti felly?'

'Afrej dach chi isio?'

'Ia, os leici di.'

'Rhoswch i mi gâl consyltio.'

Pan fydd Stifyn yn darllan, mi fydd yn dŵad â'r llyfr bach cas coch i fyny at 'i lygad dde, yn lle dŵad â'i lygad dde i lawr at llyfr. Ydy hyn'na yn helpu 'i gompiwtar, fel bydd o'n galw 'i fennydd, i neud 'i waith?

'*Wait for it!*' rhybuddiodd yn ddramatig. Yna dyma'r ffigura'n llifo allan o'i geg fel dŵr allan o dap.

'Dau dros bum mil, pedwar dros fil, pump yn wyth gant a throsodd, a saith o betha bach.'

'Diawl!' medda 'rhen ddyn â'i wynab o'n gleuo fel hen sosban wedi câl 'i rhwbio'n galad. 'Am be 'dan ni'n poeni d'wch? Ma' gynnon ni ddigon i brynu fan M rej, newydd sbon danlli.'

'Y! Sut felly?'

'Yr holl bres 'na sy gen ti hefo'r bancia 'na.'

'Dim un bunt, ffrend! Dylad sy gin i ym mhob un ohonyn nhw! Ma' rhai wedi fforclosio arna i ac ma' un wedi gadal i'r ddylad fynd bei-bei! Abdwl Bin Hassar ydy'r enw yn fan'no,' medda fo gan wenu'n glyfar, cystal â deud 'dyna chi foi ydw i'.

'Y!' oedd y cwbwl fedra 'rhen ddyn 'i ddeud.

'Abdwl Bin Hassar, brawd i un o dywysogion pwysig, pwysig Sodi Rebia, wedi dŵad i'r wlad yma heb 'i walad a'i lyfr siec.'

Erbyn meddwl, w'chi, ma' Stifyn yn edrach fel petai 'i Nain o wedi cymysgu hefo Arab. Mae'i wallt o'n gyrls mân, mân drwyddo ac mae'i groen o'n dwllach na chroen pawb gwyn arall. Ma'r hen ferchaid yn y wlad yn gwirioni amdano fo ac yn prynu tabledi fel ffyliaid er na wyddan nhw be i' neud hefo nhw. Wel . . . does ganddyn nhw ddim gwŷr, yn nac oes? Beryg iddyn nhw fynd yn rhwystredig hefo'r tabledi a heb ddynion, medda 'rhen ddyn. Fe ddaru un ohonyn nhw 'u stwffio i lawr corn gwddw'r fyharan, un dablad unwaith y dwrnod heb ddŵr, ac mi ddaru 'rhen gradur — roedd o'n bymthag oed o leia — gicio'r bwcad o fewn y mis. Bron, bron i Stifyn golli cwsmar da, ond roedd hi'n câl gormod o flas ar dynnu'i llaw yn ysgafn drwy'i gyrls, a châl sioc drydan yn y fargan, ac felly mi ddaru hi benderfynu eu rhoi nhw ym mwyd yr ieir.

'A wyddoch chi, cariad,' medda hi wrth Stifyn, cyn cau'r drws yn glep yn fy wynab i, 'ma'n nhw wedi dyblu'r wya, er nad oes gin i 'run ciliog ar gyfyl y lle!'

Ma' 'rhen ddyn a Stifyn wedi gweithio 'u hact i'r dim. 'Rhen foi fydd yn hel hen betha a Stifyn yn gwerthu tabledi. Weithia mi fyddan nhw'n cwarfod, yn ddamweiniol fel petai, yn nhŷ cwsmar Stifyn dwedwch, ac yn nabod 'i gilydd fel cyfeillion dyddia a fu. Beth sy'n fwy naturiol wedyn nag i Stifyn ddeud fel y daru o helpu 'rhen ddyn ryw bymthag mlynadd yn ôl — drwy werthu tabledi iddo fo.

'Ac yn awr,' medda Stifyn yn ddramatig, 'mae ganddo fo . . . faint, John?' gan edrach yn ddisgwylgar ar 'rhen ddyn.

'Deg o blant,' medda hwnnw gan wthio'i frest allan fel ciliog sioe.

'Deg o blant!' medda Stifyn mewn rhyfeddod. 'A be ydy oed y fenga?'

'Dau fis, hogan fach, werth y byd!'

'Be ydi 'i henw hi?' fydd cwestiwn cynta'r cwsmar, wedi câl 'i danio i ofyn gan y cariad tadol fydd yn disgleirio fel lampa blaen lori yn llgada 'rhen ddyn. Ar y llaw arall ella na fydd o ddim llawn mor barod i lyncu'r stori ac y bydd o awydd troi'r drol ar y gwerthwr.

'Rhiannon,' medda 'rhen ddyn gan gychwyn afon Hafren ne ddwy yng nghorneli 'i lygid. 'Ma' hi'n gariad i gyd!' Ma' Rhiannon ac Angharad yn enwa poblogaidd yn y wlad ar hyn o bryd. Maen nhw'n apelio at bobol sy'n hoffi tair llwyad o siwgwr yn 'u coffi.

'A faint ydy oed 'rhen wraig erbyn hyn?' fydd cwestiwn nesa Stifyn.

'Wel, rhoswch chi . . . Nac ydy! Dydy hi rioed . . ! Wel, ydy, ydy, y mae hi'n . . . *fifty-two* ddiwadd y flwyddyn.' (Be fasa Mam yn ddeud tasa hi'n 'i glywad o? A hitha'n ddim ond pedwar deg wyth a finna'n din y nyth.)

'Iesgob!' medda'r cwsmar mewn sioc bleserus. 'Ma'n well i mi gâl mesur dwbwl y tro yma. Rhwbath fedrwch chi neud, fedra i neud o'n well, dyna be ma'r hen air yn ddeud, yntê? Hyd yn oed os ydy 'rhen ddyn 'ma a finna yn tynnu at oed yr addewid! A meddyliwch am yr holl hwyl gawn ni, gyda llaw fel petai, hyd yn oed os methwn ni yn y pen draw.'

Weithia mi fydd 'rhen ddyn yn darganfod cwsmar i Stifyn. Rhywun mae o'n nabod o bell fydd Stifyn 'radag hynny. *'Highly recommended'*, cofiwch, ar bob cyfri,' dyna fydd o'n ddeud. 'Ac wrth gwrs, wrth gwrs, debyg iawn — debyg iawn, y mae o'n digwydd bod yn y pentra 'ma y bora 'ma, misus . . . Gwnaf, siŵr iawn, mi wnaf ofyn iddo alw, ond ella 'i fod o'n brysur cofiwch . . . Ew, basa, mi fasa dau droed bach yn gneud byd o wahaniaeth i'r tŷ 'ma! Dyna be ydy 'mhrofiad i, cofiwch. Dach chi'n gwbod am y blodyn bach 'na — llygad y dydd — dyna ydy Rhiannon fach i mi ac i'w mami. Pelydryn o aur pur wedi disgyn i ganol oerni ein haelwyd aeafol.'

Wyddwn i ddim bod 'rhen foi yn medru bod yn gymint o ddyn geiria. Tasa fo ddega o flynyddoedd yn fengach mi fasa'n ennill cadar Steddfod y Triongl yn hawdd.

Hel at achosion da y bydda i pan fydda i ar gâl, hynny ydy yn ystod gwylia pan fydd 'rysgol wedi cau a'r treinio ffwtbol wedi gorffan dros dro. 'Rhen ddyn fydd yn penderfynu be fydd 'rachos da, ac fe all hwnnw fod yn wahanol yn un pen i'r stryd i'r hyn ydy o yn y pen arall. Wel, dyna i chi Edward Palu 'Mlaen, mae o'n ddigon hen i gofio prygethwrs yn mynd at blacs, ond mi fasa Iestyn, pan fydd o adra, yn gwbod mwy am y blacs sy'n chwara i Crystal Palace.

Hefo Edward Palu 'Mlaen — Mistyr Defis fydda i'n 'i alw fo yn 'i wynab — y gwnes i beth rhyfadd y dwrnod o'r blaen. Doedd 'rhyn ddeudodd o pan agoris i'r drws a gweiddi, 'Helô 'ma!' yn ddim gwahanol i'r arfar.

'Tyrd i mewn, wasi, a chau'r drws yn glep ar d'ôl. Ma'r tân 'ma'n mygu fel llonga stêm erstalwm. Ista!' gan fwytho sêt y gadar wellt. Fan'no, wrth 'i ymyl o, y bydda i'n ista bob tro. Ma' 'na dwll yng nghanol y gwellt fel tasa rhywun rywdro wedi trio gneud comôd allan o'r gadar.

Mi dynnis y llyfr cas du a'r beiro allan, a pharatoi i sgwennu ugain ceiniog yn dwt, wrth enw Edward Defis.

'Na!' medda fo'n bendant gan godi 'i law i fyny i 'rawyr, a'r biball heb 'i thanio yn crogi rhwng 'i fys a'i fawd. Fel arfar bydd yn sugno piball heb dân arni, fel babi yn sugno dymi, ac yn poeri jochiad o stwff melynfrown i lygad y tân. Tybad ydy o wedi sylweddoli be sy'n digwydd, gofynnis i mi fy hun. Mi allwn drio crio tasa fo'n mynd yn flin.

'Dos i waelod y cwpwrdd gwydr 'na, wasi!' 'Matics sy'n poeni Palu 'Mlaen. Cricmala ma' fo'n feddwl. 'Dyna ti. Tro'r 'goriad yn y clo.'

Rargian, mae o'n rêl bathrwm Aladin! Jwg a basyn a dau bo. Ma'r jwg a basyn ac un po yn sbrowtio bloda na welwyd rioed 'u tebyg yng ngardd neb. Wedi mynd yn wyn o sioc wrth edrach ar y fath liwia y mae'r po arall.

'Neith dy dad roi decpunt amdanyn nhw dŵad?' Decpunt! Roeddan nhw werth o leia bum gwaith hynny.

'Mi gei di hannar can ceiniog, ffiffti pi, am dy draffarth — yn dy bocad ac nid ar y llyfr.'

Byddaf, mi fyddaf yn meddwl o ddifri weithia 'i fod o wedi sylweddoli be sy'n digwydd. Ond wedyn, pam y basa dyn call yn dal i roi pres at achos da a fynta'n gwbod mai i bocad 'rhen ddyn y maen nhw'n diflannu?

'Faswn i ddim yn 'u gwerthu nhw am ffortiwn oni bai bod y papur coch letrig wedi cyrradd heddiw.'

Fedra i ddim gadal i fy bali tad dwyllo 'rhen fachgian. Mae o'n mynd yn groes i'r graen — dyn busnas ar 'i dyfiant ydw i — ond mi fydd yn rhaid i mi ddeud rhwbath.

'Ma'n nhw'n werth hannar canpunt.'

'Dew, tybad! Hen betha nad oes gin i na neb arall ddefnydd iddyn nhw. Mi fasan nhw wedi câl hwi erstalwm oni bai 'u bod nhw'n betha Mam. Hyna'n byd rwyt ti'n mynd, w'sti, mwya'n byd y mae dy fywyd yn troi o gwmpas petha. Yn lle pobol! Pan ddaw f'amsar i i groesi'r afon mi fydd y cwbwl yn câl 'i wasgaru i'r pedwar gwynt, hyd yn oed llestri'r cwpwr' gwydr. Ac y mae'r rheiny'n werth arian.'

'Iesgob, ma'n nhw'n werth ffortiwn! Yn enwedig y gwpan fwstash 'na.'

Mi gwelis i hi un tro. Mi fasa 'rhen ddyn yn mynd yn bananas, saith gwaith drosodd, tasa fo'n gweld honno!

Pam ma' Ned Palu 'Mlaen yn deud 'i fod o'n mynd i groesi 'rafon a fynta'n meddwl mewn gwirionadd am y busnas cicio bwcad 'na? Os ydy hi'n afon fawr, gobeithio y byddan nhw wedi trefnu cwch ar 'i gyfar o. Nâth Nain ddim neidio ar draws 'rafon o gwbwl. Câl 'i chrimetio nâth hi. Mi nâth 'rhen ddyn, bastard, luchio'i llwch hi ar randir Jumpin Jac am fod hwnnw wedi cwyno wrth y Cyngor bod llanast, hynny ydi celfi'r busnas, yn mynd ar wasgar ar 'i dir o. Mi fydd bwgan 'rhen gryduras yn 'i boeni am y gweddill o'i oes, medda 'rhen ddyn.

'Cofiwch chi rŵan, mi ddyliach chi gâl o leia hannar canpunt, a phidiwch â gadal iddo ddŵad i'r tŷ!'

'Pwy, wasi?'

''Rhen foi 'cw. Cerwch â'r petha at y drws, a phidiwch â deud mai fi ddeudodd hannar canpunt wrthach chi.'

* * *

'Gwd boi!' medda 'rhen ddyn gan roi 'i law ar fy ngwegil. 'Oedd 'na fwy o betha gwerth edrach arnyn nhw o gwmpas?'

'Nac oedd!' medda finna, yn palu clwydda. Bron na fedrwn i glywad llais fi fhun yn dŵad o bell ac yn crynu fel llais hen gradur hannar ffordd i fod yn fwgan. Iesgob, gobithio bod 'rhen fachgian wedi cario'r stwff at y drws! Mi fydd 'na uffar o le os gwêl 'rhen ddyn y cwpwr' gwydr.

Deugain punt ddaru 'rhen ddyn dalu am y cwbwl lot yn y diwadd, ac mi ges i hannar can ceiniog ganddo fo a dwy bunt gan Ned Palu 'Mlaen. Wnes i ddim gwrthod y ddwybunt. Ma' hi'n dynn ar ôl i Nain gicio'r bwcad. Roedd y ddau wedi 'u bodloni, a finna hefyd. Ond pan glywis i 'rhen ddyn a Stifyn yn cynllunio torri i mewn i gartra 'rhen foi i gâl gweld be oedd i fyny'r grisia, mi ges air yng nghlust Ned Palu 'Mlaen a'i rybuddio i gloi'r drws o hyn allan. Doedd o ddim fel tasa fo'n dallt be oedd gin i o dan sylw.

'Petha ydyn nhw, wasi,' medda fo â'i ben yn 'i blu. 'Ma' pobol yn bwysicach . . . Ond yn fwy anwadal!'

Helyntion

Ma' Mam wedi mynd yn rhyfadd. Tro dwytha yr es i i 'marfar ffwtbol mi ddôth i lawr hefo fi at y býs. A Iesgob, bron na faswn i'n taeru bod 'na ddagra yn 'i llygid hi! Mi ddaru hi wthio pisyn punt i fy nwrn i ac edrach i bob cyfeiriad ond arna i. Rhag ofn i rywun 'i gweld hi ella.

Roedd 'na le yn tŷ Stifyn y noson o'r blaen. Ma'r diawl wedi bod yn curo Jean Louise, yn ddistaw bach felly, a ma' hitha wedi bod yn cuddio llygid du hefo lliw glas llgada. Roeddwn i'n meddwl bod 'na ryw ddrwg yn y caws ers tipyn, a nhwtha — Mam a hi — wedi bod yn jib-jabran fel dau fydji bob tro roeddan nhw'n meddwl 'u bod nhw wedi câl gwarad â fi.

Dŵad adra heb 'i ddisgwyl nâth 'rhen ddyn a dal y ddwy hefo'u trwyna'n glós at 'i gilydd, a sylwi ar yr un llygad du oedd ganddi ar y pryd a gofyn yn syth bin, 'Pwy ddaru neud hyn'na i ti, Princess?' Ddaru hi ddim atab. Ma' hi'n dal i garu Stifyn, medda Mam. Fel'na y bydd merchaid yn y llyfra rhamantus, yn dal i garu'r cythral dauwynebog, creulon drwy ddŵr a thân. Dim ond mewn bywyd go-iawn y ma' amball un, sy wedi diodda'n ofnadwy, yn disgwyl 'i chyfla ac yn rhoi pen-glin yn 'i wendid o. Dyna be fydda Mam yn 'i neud ddyddia a fu, medda hi, er y basa'n well ganddi fod yn dalp o gnawd bodlon. Ne' dyna be ma' hi'n ddeud heddiw!

'Stifyn 'nâth, yntê!'

Roedd y dychryn yn 'i llygid hi yn ddigon o atab i 'rhen

ddyn. Dyma fo'n 'i nelu hi am y drws ar frys gwyllt, a finna wrth 'i gwtyn. Mi ddaru Stifyn ein clywed yn dŵad i'r tŷ ac mi waeddodd i lawr y grisia,

'Tyrd i fyny, *honey bunch*!'

Fe aeth 'rhen ddyn i fyny yn 'i fyll, dwy ris ar y tro, a finna'n stryffaglio y tu ôl iddo. Y peth cynta welis i ar ôl cyrradd y top oedd Stifyn mewn *bathrobe*, ar 'i linia yn glafoerio ac yn dal 'i fol. Yn 'i ddal o'n dipyn is na'r bag bwyd.

'Paid ti â chyffwrdd pen dy fys yn fy hogan i byth eto! Wyt ti'n clywad?'

'Ydw',' gwan, gwan.

Wedyn mi ddaru 'rhen ddyn fynd lawr y grisia 'run fath â thanc gan chwalu a malu popeth yn 'i dempar. Gobithio y bydda i'n debycach i Mam pan fydda i yn 'i oed o.

'Wyt ti'n dal yn fyw?' gofynnis i Stifyn, cyn mynd i lawr y grisia ar ôl 'rhen ddyn.

'Nac ydw', dwi ddim yn meddwl,' medda'r lob gan ochneidio dros bobman.

'Pam rwyt ti'n dal i siarad ta?'

'Am fod fy ngheg i'n dal i symud.'

Ar ôl i Stifyn ddŵad ato'i hun ddaru'r ddau ddim cymryd llawar mwy nag wsnos i fynd yn gariad-i-gyd fel o'r blaen, ond ma' 'rhen ddyn wedi gorffan hefo Stifyn a Stifyn hefo fynta.

'Mi geith o werthu 'i hen secs pils 'i hunan!' medda fo. 'Eniwê, does 'na ddim byd ond gwynt ynddyn nhw, a ma'n nhw'n codi gwynt hefyd.'

'Rwyt ti wedi 'u trio nhw felly?' gofynnodd Mam, hefo gwên fach wedi'i phlesio yn chwara o gwmpas 'i cheg.

'Do,' medda 'rhen ddyn gan edrach fel hogyn bach wedi câl 'i ddal yn gneud drwg.

'Rôn i'n meddwl!'

'Mi fasa asbrin wedi gneud 'run gwaith, w'sti. Hynny

ydy, taswn i ddim yn gwbod mai asbrin fasan nhw.'

Wel do, mi âth Mam yn rhyfadd. Rhyfadd? Wel, sut arall y gallwch chi ddisgrifio'r peth? Pan ma' dynas yn g'rafun rhoi pres i chi fynd i ffwtbol un wsnos, ac yna'n newid dros nos ac yn lluchio rhyw betha melys fel Bounty, Snickers a Topic atoch chi'n dragwyddol. Mi 'nes i benderfynu yn diwadd ma' hiraethu roedd hi ar ôl Jean Louise. Peth ofnadwy ydy bod mor glós ag roeddan nhw ac yna câl 'ych gorfodi i wahanu gan ryw Sadam Hwsên fel Stifyn. Ac mi 'nes i'r gora o fy nghyfla gyda'r canlyniad 'u bod nhw'n sôn yn 'rysgol am siop dda-da Henry VIII. Dda gin i mo hen sioclad afiach hefo'i fol o'n llawn joc hyd 'rymylon o ryw hen stwff melys, melys sy'n gneud i'ch ceg chi deimlo fel ffatri siwgwr!

'Wyt ti am ddŵad hefo fi i'r sbyty?' gofynnodd Mam i mi dwrnod o'r blaen, yn hollol ddirybudd.

'Be ddiawl sy gin i isio mynd i fan'no?' Ma' 'na amsar pan faswn i wedi câl swadan hannar ffordd i fyd arall am 'i hatab hi fel'na.

'Dim ond yn gwmpeini i mi,' medda hi'n ddistaw bach, gan edrach rêl Annwyl Haf yn 'rysgol pan nâth Bympi halio yn 'i gwallt hi. Rhosyn ydy Annwyl Haf. Baw sgidia ydy Bympi! Ond ma' Bympi wedi arfar byw'n galad a dydy Annwyl Haf ddim yn gwbod dim am y byd mawr, tyff.

'O, mi ddo i ta!'

Ma' 'rhen ddyn yn arfar deud bod nyrsys yn betha *free and easy* iawn er 'u bod nhw'n gwbod popeth. 'Ne ella am 'u bod nhw'n meddwl 'u bod nhw'n gwbod popeth,' medda fo wedyn. Tasa fo wedi mynd hefo hi i'r sbyty mi fasa wedi gweld llond gwlad ohonyn nhw yn mynd fel tasan nhw'n Ras Llundan, a mi fasa wedi câl drw'r bora i studio pen-ola a choesa. Roedd rhai o'r merchaid fel ei lori o, yn colli sbîd wrth fynd i fyny 'rallt, a rhai erill, hefo coesa fel coesa camelod, yn mynd i ofyr-dreif yn syth bin. A mi fasa wedi câl gweld wynab Mam, yn noeth am unwaith, â'i theimlada hi yn y golwg.

Wrth edrach arni hi mi 'nes i gofio 'radag pan oeddwn i'n llai a 'rhen ddyn wedi mynd i grwydro am ddwrnod ne ddau, ac mi 'nes i gofio 'i bod hi'n medru bod yn garedig. Mi 'nes i gofio petha roeddwn i wedi 'u hanghofio . . . Iesgob, pan fydda i'n fwy, mi rof gythral o gweir i 'rhen foi, 'i ddobio fo yn 'i wynab nes bydd hynny sgynno fo ar ôl o gwd lwcs wedi deud Ta-ta am byth. A rhoi un arall iddo fo rhwng 'i goesa nes bydd o'n disgyn yn ffatan ar lawr. Be 'di'r ots bod dynas yn mynd i golli un o'i bronna? Dynas ydi hi wedyn, yntê!

'Rwy'n Eiddo i Ti'

Ma' Mam wedi dechra mynd i'r Capal unwaith eto, a ma' hi'n pwyso a phwyso isio i mi fynd hefo hi. Rwy bron yn bedair ar ddeg oed – yn ddigon hen i ddeud wrthi hi be i' neud hefo'i hen gapal ond rywsut fedra i ddim, dim rŵan. Ma' 'rhen ddyn yn ista wrth tân bob gyda'r nos i fwytho bodia 'i draed mewn dŵr cynnas yn gymysg hefo Persil *(Hand Wash)*. Mae'n cwyno hefo 'i winadd yn tyfu i mewn. Weithia mi fydda i'n 'i ddal o'n edrach yn slei ar Mam, edrach fel tasa fo wedi gneud rhyw ddrwg iddi hi ac yn teimlo'n euog.

Newydd ddarganfod rydw i ma' Defis Welsh — Primolar fyddwn ni'n 'i alw fo yn 'i gefn am fod ganddo ddannadd blaen fel cilddannadd eliffant — ma' hwnnw ydy tad Annwyl Haf. Fydd o byth yn gneud unrhyw sylw arbennig ohoni hi yn ystod oria 'rysgol ond rwy'n gwbod bod 'i gysgod o'n disgyn dros 'i bywyd hi bob dydd o'r flwyddyn o fora gwyn tan nos.

Gwen Bach sy'n dysgu *Welsh* i ni, diolch byth! Roedd gen i *crush* arni hi cyn i mi syrthio am Annwyl Haf. Ma' popeth yn fach o gwmpas Mus Jôs, ond nid corrach ydy hi o gwbwl ond cythral o beth ddel, be fasa 'rhen ddyn yn 'i alw'n *pocket battleship ready for action*. Mi glywis bod rhyw foi yn Fform — wps, Safon Pump ddyliwn i ddeud — boi hefo corff fel duw bach, wedi deud mwy na 'helô' wrthi hi. Mi nâth hynny fi'n ofnadwy o eiddigeddus am chydig. Erbyn hyn dydw i ddim yn coelio'r stori honno mwy nag rydw i'n coelio llawar o straeon sy'n tyfu fel chwyn yn 'rysgol.

'Dychymyg gwych, iaith flêr, sillafu anobeithiol', dyna fydd hi'n arfar ddeud ar fy *report*! Pan fydda 'rhen ddyn mewn hwyl go lew mi fydda'n edrach ar y *report* a deud, dan chwerthin, ma' fo sy wedi rhoi'r peth 'na ma' hi'n alw yn 'ddychymyg', i mi. Mi fasa Mus Jôs yn cochi tasa hi'n gwbod fel bydd y dychymyg hwnnw yn mystyn fel lastig bob tro y bydd hi'n gwyro i godi rhwbath.

Fe ddechreuodd Annwyl Haf wenu arna i ar ôl i mi 'i hachub hi o ddwylo Bympi a'i chariad. Peltan nes roedd hi'n sefyll yn 'i hunfan gafodd Bympi ond fe rois swadan i boio nes roedd o'n mesur 'i hyd ar waelod cae ffwtbol. Ces fy mhlesio'n arw gan y twts hwnnw — er cof am Yncl Edi a ballu — ac roedd y boi yn *Form Five* cofiwch chi! Wps, sori, Safon Pump ddyliwn i ddeud.

Ma' Annwyl Haf yn fy helpu i hefo sillafu geiria Cymraeg. Mi geith Gwen Bach gythral o sioc un o'r diwrnoda nesa 'ma. Rydyn ni'n cwarfod yn stafall Annwyl Haf yn nho'r tŷ, Cilmeri, 'i chartra hi. Ies . . . Na! Ma'n rhaid i mi beidio â rhegi medda hi.

'Ma' rhegi yn dangos pa mor ddwl ydy rhywun, a dwyt ti ddim yn ddwl o gwbl.'

Am un eiliad, O mor fyr, ces deimlo'i llaw fach, esmwyth yn un o fy nwylo mawr hyll i. Roedd o'n deimlad neisiach o beth coblyn na be ges i wrth afal yn Anti Jil . . . Yn y cefndir roedd Cher yn beltio, *'Baby I'm Yours!'* Ydy Annwyl Haf yn mynd i fod yn eiddo i mi nes bydd y sêr wedi gorffan disgleirio yn 'rawyr? Ydy hi'n mynd i fod yn gariad i mi hyd nes y bydd yr haul yn disgyn i lawr i'r môr ac afonydd y byd yn sychu?

'Ydy hi'n fy ngharu?
Mae gen i eisio gwbod,
Os ydy'n fy ngharu
Mae'r atab yn 'i dagra,
Dyna lle ma'r atab,
Yn 'i dagra.'

Weithia rwy'n ofnadwy o drist. Dro arall rwy'n gythreulig o hapus. Tybad na faswn i'n well fy myd taswn i'n câl bod yr hyn oeddwn i cyn i mi syrthio am Annwyl Haf? Rwy'n darllan rhai o lyfra sopi Mam, yn slei bach o dan ddillad y gwely — yng ngola fflachlamp. Yn fwy amal na pheidio ma' 'na ryw feddyg ifanc, talsyth ynddyn nhw yn llwyddo i briodi'r eneth benfelen yn y diwadd, ac yn byw'n hapus am byth bythoedd. Geneth benfelen ydy Annwyl Haf hefyd. Rwy'n gwirioni amdani!

Wrth wrando ar dâp Cher allan o'r hen ffilm hen fel pechod 'na, *Mermaids*, rwy'n deud,

'W'sti be, Annwyl Haf, mi faswn i'n hoffi gneud ffilm yn fy meddwl o be sy'n digwydd i mi yn y fan a'r lle yma, rwân yr eiliad hwn, a'i gadw fo ar go' am byth!'

Hei! Be sy wedi digwydd i Henry John Archer, Henry VIII i'w gyfeillion, caethwas 'rhen ddyn a thin y nyth i'w fam? Mae'n sefyll yn fan'ma hefo'r hogan fach ddela welodd o rioed. Ma' hi 'run oed â fynta, ac ma' hi'n siŵr o fod yn meddwl i ryw radda yn debyg iddo fo, am betha fel y gwahaniaeth rhwng hogyn a hogan, am groen meddal a gwefusa'n cyffwrdd ac am gyrff yn mynd yn un.

Roeddwn i'n arfar credu 'i bod hi'n swil ac ella'n hen drwyn. Rwy'n gwbod rŵan mai dim ond y cynta sy'n wir. O ddifri, be fasa 'rhen ddyn yn ddeud tasa fo'n fy ngweld i'n sefyll fel dymi yn fan'ma? Yn gafal yn llaw 'rhogan fach ddela'n y byd heb neud dim! Dim ydy dim! Dyna be sy'n rhyfadd, rwy'n barod i aros, aros am flynyddoedd.

Edrych drwydda i nâth Primolar y tro cynta i ni gwarfod

yn 'i gartra fo, ond mi gafodd Annwyl Haf wên fel haul yn torri ar lwydni'r dydd. 'I ddannadd anfarth o oedd yn gneud y dydd yn llwyd!

'Ma' Dadi yn ysgrifennu pryddest fawr y ganrif,' medda hi gan edrach yn dosturiol i gyfeiriad y stafall ma' hi'n alw'n gell. Sut gall dyn fod mewn 'cell' a nobyn ar gyfar agor drws i'w gâl ar y ddwy ochor iddo fo?

'Methiant oedd y nofel fawr, dilyniant i Enoc Huws.' Er 'i mwyn hi rwy'n gobeithio y bydd 'Pryddest', beth bynnag ydy hwnnw, yn sgubo'r byd fel *Doctor Zhivago*. Ffilm dda oedd honno. Ma' hi wedi bod ar teledu ddega o weithia bellach.

'Tasa fo'n rhoi mymryn o sylw i Mami, ella y basan nhw'n dod yn ôl at 'i gilydd unwaith eto. Dim ond ella!'

Dew, mi faswn i'n lecio chwifio ymbrela, ne rwbath tebyg, a rhoi 'i dymuniad iddi hi. Mi ges i sioc a hannar pan wnes i gyfarfod mam Annwyl Haf. Roedd hi'n debycach i chwaer fawr, y teip o ddynas y basa 'rhen foi yn 'i rhoi ar frig y *Premier League*. 'Tri deg a phump ydy Mam,' eglurodd Annwyl Haf. 'Mae Dadi yn bum deg a dau.' Ma'n debyg 'i fod o'n teimlo fel tasa fo wedi ennill tywysoges pan gafodd o hon'na'n wraig. A hitha, wel tasa hi'n dewis hynny, mi fasa'n wych 'i byd. Ma' 'na ddigon o ddarna punt yn rhwbio'i gilydd yn y tŷ 'na. Tybed a oedd 'rhen Brimolar yn ddelach pan oedd o'n fengach?

'Mae gan Mami gariad,' medda Annwyl Haf pan aethon ni i'w stafall. Ces y teimlad nad oedd hi ddim isio deud wrth neb ond bod yn rhaid iddi ddeud wrth rywun ne fyrstio!

'Roedd o'n Safon Pump pan gychwynnon ni'n 'rysgol uwchradd.'

'Pwy?' gofynnis. Roeddwn i'n ama un. Dim eto, medda fi wrthaf fy hun!

'Tomi Cyrli.'

Ia, ia, debyg iawn, cachu gwylanod a phob dim arall o dan haul, y duw bach ddaru roi plesar a hannar i Mus Jôs yn ôl 'rhen stori honno. Mae o'n clarcio hefo'r Cyngor erbyn hyn — fo sy'n penderfynu pwy ddylia gâl bagia sbwrial duon am ddim, ymysg petha dwl erill. Un deg a naw ydy Tomi ond mae o'n dal i gyrlio'i wallt. Roeddwn yn Siop Hiwi Barbar yn cál cyt ddwrnod ne ddau 'rôl hynny — mae o'n codi llai na 'rhen betha *His and Hers* 'na — ac yn gwrando ar Selwyn yn mynd trwy'i betha 'run pryd. Nid 'mod i'n poeni cymint â hynny am 'ngwallt ond ma' amsar yn hedfan yno, a finna yn ddigon pell o afal 'rhen ddyn. Ma' amsar yn rhad fel halan i Selwyn, a fynta ar dôl. Pan fydd Selwyn yn codi gwres wrth siarad mi fydd Hiwi Barbar yn aros yn 'i unfan fel dymi, y siswrn yn mystyn allan i'r dde rhag ofn iddo ddigwydd turio i mewn i gorun dyn sy'n y gadar, a'r crib yn uwch o dipyn yn y llaw arall. Wir, mae o'n edrach yn debyg i un o'r Barbarolis 'na yn disgwyl i'r cathod ddechra mewian 'u feiolins. Yn y man mi welwch chi'r boi sy'n y gadar yn sythu 'i wddw wrth drio câl 'madal â chric. Yna mi fedrwch 'i ddychmygu fo'n deud wrtho'i hun, 'Faint o amsar 'to?' Mae o'n dechra drymio breichia'r gadar hefo'i fysadd i ddangos pa mor ddiamynadd ydy o. Os bydd y stori'n flasus iawn mi fydd Hiwi Barbar yn rhoi'r crib ar silff ac yn gollwng llaw-dal-siswrn nes bydd hi'n gorwadd yn llipa wrth 'i ochor. Os ydy'r boi sy'n y gadar yn ofnadwy o flin, mi fydd yn rhoi ochenaid dros y lle cyn llithro o dan y lliain a mynd o'r golwg.

'Glywis di am Cyrli Cownsil?' gofynnodd Selwyn tro hwnnw gan drybowndian i fyny ac i lawr ar fainc fel tasa fo'n gath isio dŵad â chathod bach i'r byd, ond ofn mentro.

'Naddo!' medda Hiwi, gan foddi'n syth bin mewn ton o chwerthin wrth feddwl am be oedd o'n mynd i ddeud nesa. 'Ydy o wedi rhoi bag cownsil ar 'i ben a gneud i'w gyrls wywo o ddiffyg awyr iach?'

'Mae ganddo fo gariad, wasi. Ffaith i ti!'

'Deud rhwbath newydd, Selwyn bach! Ma' hwn'na'n llyncu cariadon fel cathod yn llyncu llygod.'

'Aros di, wasi! Mae o'n gneud arolwg o'r tai heb fagia yn 'i fan bob bora, am chwartar i naw i'r funud, ac mae o wrth 'i drws hi funud ar ôl i'r gŵr fynd at 'i waith. Ac yn y gwely am bum munud wedi. Dyna sut i arbad prynu potal dŵr poeth yn y gaea.'

'Pwy?' gofynnodd Hiwi yn 'i lais bach diniwad, diniwad. 'Pwy ydy hi?'

'Mi fasat ti'n hoffi gwbod, yn basat!'

'Os wyt ti am fod fel'na, bydd fel'na ta. Doeddwn i ddim ond isio gwbod er mwyn câl cymharu d'enw di hefo 'run sy gen i yn fan'ma,' gan bwyntio at 'i fandbocs.

'Enwa fo ta!'

Fe gymodd Hiwi eiliada i agor 'i geg ac mi nâth Selwyn gamgymeriad.

'Hy, hy! Dwyt ti ddim yn gwbod! Waeth i ti gyfadda ddim.'

'Defis Welsh, boi-lladd-Meri.'

Felly y llusgwyd cath fach Selwyn allan o'i chroth, ac y lluchiwyd 'cyfrinach' Annwyl Haf ar adain y gwynt sy'n lledu straeon i bobman. Ar ôl rhoi'r gora i dorri gwalltia, mi ddylia Hiwi gâl swydd dda yn darllan newyddion ar teledu!

Gan Annwyl Haf y ces i hanas y diwadd, a dyma fo hefo tipyn bach o *relish* ges i o bobman arall. Yn ôl 'rhanas roedd Primolar wedi digwydd clywad dwy athrawas yn siarad amdano fo a'i wraig — ma' merchaid yn betha gwirion weithia, yn tydyn? Deud ma' cwrcath oedd Tomi Cyrli, a'i fod o'n neidio i mewn i'r gwely y funud y bydda Defis yn mynd drwy'r drws. Deud ma' peth fach ddel, fel 'i mam, oedd Annwyl Haf, ac na fedra hi byth, byth, fod yn ferch go-iawn i'w thad.

Mi gollodd Defis 'i limpyn ac fe roddodd hergwd i'r ddwy nes roeddan nhw'n disgyn ar 'u tina ar lawr. Y mae'n debyg 'i fod o mewn cythral o dymar o achos mi yrrodd gymint ar y Jag nes fu ond y dim iddo dyfu adenydd — y car nid Defis — a hedfan adra. Roedd un o'r ddau P.C., sy'n gaeafu yn dre bob blwyddyn, yn digwydd bod yn breuddwydio yn 'i gar ar ochor y ffordd pan ddaru fo'i basio mewn cwmwl o lwch. Ma'r pry glas yn dal i daeru 'i fod o wedi gweld llong ofod. Ac mi ddaliodd Defis Tomi Cyrli ar y job!

'Ar y job!' medda boi oedd yn gwrando ar y stori, a finna'n 'i gysgod o. Dyma wên fawr yn ymledu ar draws 'i wynab fel tasa'r dydd ar fin gwawrio yn 'i holl ogoniant.

'Ar y job!' ailadroddodd y boio oedd yn deud y stori. 'Ac mi afaelodd Defis yn Tomi Cyrli gerfydd 'i wddw, o'r tu ôl, ac mi wasgodd ac mi wasgodd. Roedd Tomi'n noethlymun groen.'

'Yn noethlymun groen!' medda'r boi oedd yn gwrando gan dynnu'r geiria allan yn stribad hir fel tasa rhywun yn tynnu taffi wedi meddalu rhwng 'i fysadd a'i ddannadd.

'Be arall fasat ti'n ddisgwyl?' gofynnodd hefo un gwac-gwac uchal. 'Dos yn dy flaen!'

'Roedd gwynab Tomi yn dechra troi o fod yn binc i fod yn las pan ddaru Misus Defis Welsh binshio Defis yn 'i din gymint nes gneud iddo ollwng 'i afal . . .'

'Y hi yn pinshio Defis yn 'i din?' gofynnodd y boi oedd yn gwrando, yn ara deg fel tasa fo'n trio tynnu llun yn 'i feddwl ac yn methu â'i orffan yn iawn.

'Ia,' medda'r boio oedd yn deud y stori.

'Ond . . . sut galla hi, a hitha'n lle'r oedd hi?'

'Duw, wn i ddim! Gofyn i Cyrli pan ddaw o allan o'r

sbyty. Misus Defis rôth gusan bywyd iddo fo, meddan nhw.'

'A'i mwynhau!' medda'r boio gydag arddeliad.

Ma' Defis mewn Sbyty Meddwl, ac y mae mam Annwyl Haf wedi dengid i Bournemouth hefo Cyrli, ar ôl iddo ddod ato'i hun, wrth reswm. I agor siop fara, meddan nhw. Rwy'n poeni! Ar hyn o bryd ma' Annwyl Haf yn câl aros hefo ffrindia i'w thad a'i mam, fel roeddan nhw. Rhwbath dros dro ydy rhwbath felly — rhwbath dros dro ydy ffrindia o dan amgylchiada fel'na. Ma'n nhw'n ceisio perswadio chwaer 'i mam i'w magu hi am chydig. Ma' hi'n bedair ar ddeg oed ac yn teimlo'n annifyr yn 'rysgol. Ma' hi isio gadal a dechra gwithio. Be wna i os eith Annwyl Haf o 'ma i fyw? Fydd bywyd ddim yn werth i' fyw wedyn a chanol fy myd i, calon fy mywyd i, wedi gadal.

Rhyw Fatar Bach!

Damia 'rhen barbyciw 'rysgol 'na, y barbyciw 'na ddaru droi yn barbyrôl! Sut gwyddwn i fod Bympi yn dal yn bymthag oed? Elisabeth Gwendoline Sparkles, on'd ydy'r enw yn ddigon i droi'ch stumog chi? Sparkles ydy'r petha neis, neis, cythreulig o ddim byd 'na y ma' plant bach, bach yn gafal ynddyn nhw ar Noson Ffowc. Ma' llgada y petha bach, yn ôl Mam, yn troi'n soseri disglair, annw'l, yn eu penna nhw.

Dwi'n siŵr y basa 'rhen ddyn, 'run fath â finna, yn hoffi troi'r cloc yn ôl weithia. Dydy o ddim yn beth da i gradur poeth fel fo orfod gorwadd fel planc yn gwely a rhyw betha bach bronnog, hir-goesiog, hyfryd iawn yn 'i gylchu o fel gwenyn wedi eu hudo gan bot jam. Ddaru Mam ddim deud geiria fel 'syrfio fo'n iawn' a 'ma fo'n gwbod sut rwy i'n teimlo rŵan'. Na, mi ddaru hi wenu arno fo fel bydda Annwyl Haf yn gwenu arna i, a llenwi 'i geg o hefo grawnwin nes roedd o bron â thagu.

Ar Jim, hogyn fy niweddar Yncl Edi o barchus goffadwriaeth, ac Anti Jil, bythol gariad Ali Khan, dyn Crysa Rhad Bradford, arno fo roedd y bai. Mi ddâth Jim yn ôl i'r dre 'ma hefo cannoedd o'i ffrindia, hip-pis go iawn. Rhai pinc a choch, melyn a gwyrdd, glas a brown. Rhai blêr hyll a rhai hyll blêr. Un noson mi ddaru nhw setlo'n filoedd o gaws llyffant, gwenwynig, anferthol, ne bla o locustiaid, beth bynnag ydi'r rheiny, ar gyrion y dre. Yna ymhen rhyw dri dwrnod dyma nhw'n diflannu fel gwlith y bora wawr, chwadal Mam, gan adal dim ar 'u hôl, dim ond cythral o lanast.

Mi ddaru Jim fyw ar 'rhen ddyn 'cw am wsnos ne ddwy cyn perswadio hwnnw i roi tendar i mewn yn enw Archer Bros. am y contract i glirio'r llanast ar ôl yr hip-pis.

'Pa gontract?' gofynnodd y mab oedd wedi llenwi sgidia Cyrli. Doedd 'na neb wedi hyd yn oed fygwth holi am y gwaith hyd hynny, ac felly roedd y Cyngor fel un yn ceisio trio anghofio bod 'na ogla'r diawl a bod 'na angan symud y llanast.

'N 264789 P,' medda 'rhen ddyn, dyn busnas i'r carn os bu 'na un rioed. Mi drychodd boi'r Cyngor arno fo fel tasa fo wedi gweld ysbryd.

'Ia,' medda fo gan lyfu 'i wefla a deud dim byd arall. Mi ddaru 'rhen ddyn sylwi ar hynny, dyblu'r pris oedd ganddo fo ar 'i feddwl a'i ddeud o ar goedd yn syth bin, yn uchal ac yn benderfynol.

'Iawn,' medda boi'r Cyngor, yn rhy sydyn o lawar i blesio 'rhen ddyn.

'Does arnoch chi ddim isio rhoi'r matar o flaen y *Public Amenities Sub* i ddechra?' oedd cwestiwn syn co 'cw, un sy'n frwd dros gadw rheola ar ôl câl 'i frathu o dro i dro gan y Cyngor am beidio â gneud hynny.

'Ôl reit ta!' medda boi'r Cyngor yn flin. Wedi meddwl, 'nôl 'rhen ddyn, y basa fo'n gneud rhyw geiniog allan o'r holl fusnas. Roedd o'n gweld y gobaith hwnnw'n diflannu os basa'n rhaid iddo fo fynd at ryw bwyllgor i ddechra. Mi fu o'n absennol yn ddigon hir i fod wedi pacio i fynd ar 'i wylia, tasa fo isio, cyn dychwelyd o'r diwadd hefo Contract ar bapur triphlyg, trilliw.

'Un copi i chi, un i mi ac un i'w ddosbarthu yn Neuadd y Sir.'

Hogia dôl, ar wylia answyddogol, oedd i fod i neud y gwaith calad. Cawsant 'u ricriwtio gan 'rhen ddyn a

Jim. Drwg dynion felly ydy bod gwaith mor ddiarth iddyn nhw nes 'u bod nhw'n syrthio dros 'u penna a'u clustia mewn cariad hefo fo am sbel, ac yna'n colli diddordab dros nos. Dyna ddigwyddodd. Fe ddilynodd tri ohonyn nhw'r hip-pis i Stowmarket-on-Sea, fe âth dau ar binj bythefnos ac fe arhosodd pedwar yn 'u gwlâu am amsar hir. Roedd hynny'n gadal dau — am chydig! Fe gafodd un y frech goch ac fe aeth y llall i Ffrainc i 'marfar hei-inas.

'I be?' gofynnodd 'rhen ddyn i'w wraig o.

'I ymarfer hei-inas,' medda 'i wraig o, rhyw gadach llestri sidêt o ddynas. 'Wyddoch chi, yr anifeiliaid 'na o Affrica sy'n debyg i gŵn.'

Roedd y ddynas yn methu. Nid yr hei-inas oedd problem 'rhen ddyn ond y gair 'ymarfer'. Cymraeg Byw wedi 'i helaethu gryn dipyn drwy orfod cyd-fyw weithia hefo Mam — dyna sy gan co 'cw. A doedd o rioed o'r blaen wedi clywad y gair 'ymarfer'. Tasa hi wedi deud 'treinio' mi fasa popeth yn iawn, o achos roedd ganddo gefndar ar-dôl-am-byth a arferai 'i ddisgrifio'i hun fel 'treinar eliffantod'.

Fe ddaru 'rhen ddyn weithio'n gletach am wsnos nag y gwnaeth o am y gweddill o'i fywyd i fyny i'r adag hynny, ac yna fe âth yn sâl. Roedd o'n meddwl 'i fod o mor sâl nes bu'n rhaid i Mam alw'r Doctor ato fo.

'Dim byd o'i le,' medda hwnnw ar ôl câl rhyw gip ar 'i fol. 'Dim byd ond blindar. Cymwch wsnos o wylia.'

'Yn Sowth o Ffrans ta Meiami?'

'Adra yn 'ych gwely, frawd! Comidian ydach chi d'wch?'

'Ond rwy'n cyfri poteli yn 'y nghwsg, ac yn methu cysgu, Doctor bach!'

'Rhowch y gora i'r ddiod 'na ta! Dyna be sy'n bownd o godi'r di-tis arnoch chi.'

Ddaru 'rhen ddyn ddim boddran egluro mai poteli

gweigion yr hip-pis oedd o'n feddwl. Ar ôl deuddydd yn 'i wely mi âth yn ôl i withio, ac mi gliriodd y cyfan. Wedyn y daru o egluro mai wedi meddwl roedd o y basa fo'n ennyn cydymdeimlad y Cyngor tasa fo'n cogio bod yn sâl, ac y basan nhw'n ddigon gwirion i anfon rhywun i'w helpu hefo'r gwaith. Yn lle hynny fe ddaru nhw fygwth gosod penyd ar y contract, ac fe ddaru ynta wella dros nos.

A wedyn, fe âth o'n sâl o ddifri.

'Dyna be sy gâl!' medda fi wrth Bympi. 'Thâl hi ddim i neb gymryd arno bod yn sâl. Ma' hynny'n temtio ffawd!' Roeddwn i'n meddwl bod hwnna'n ddeud go fawr, er nad oeddwn i'n gneud dim mewn gwirionadd ond ailadrodd geiria Mam. A'r atab ges i ganddi hi?

'Pam na faswn i wedi mynd hefo'r hip-pis i Stowmarket-on-Sea yn lle bod yn bilw i ti!'

Ma' Bympi'n rêl cwynwr, a finna'n methu â'i gadal yn llwyr. Teimlo cyfrifoldab ella. Ac yn dal i garu Annwyl Haf! Petai Annwyl Haf ddim wedi mynd i ffwrdd . . .

★ ★ ★

'Mi fedri di gâl madal â fo, wsti. Dydy o ddim ond fel tynnu dannadd y dyddia yma.'

'Does gen i ddim isio madal â fo! Hew! Ma' gin i isio bod yn fami.'

Wel, joli jacdo! I ble mae hyn'na yn f'arwain i? I fod yn dadi mewn carchar bach neis i bobol ifanc!

'Fydd dim rhaid i ti dalu am 'i gadw. Rwyt ti'n rhy ifanc. Ella bydd yn rhaid i dy dad di!'

Iesgob, mi fasa 'rhen ddyn yn chwythu i fyny fel Shiernobul tasa fo'n clywad hyn'na! A Mam . . . Be fasa hyn yn neud i Mam? Nid fel roedd hi y mae hi rŵan.

'Be nâth i mi fynd hefo hogyn fengach na fi fy hun? A meddwl y basa fo'n ddigon call i fod yn bwyllog!'

'Roeddat ti yno hefyd!'

Duw, os na chaeith hi ei hen geg fawr mi afaelaf ynddi gerfydd ei hysgwydd a'i sgrytian allan o'i chroen!

'Fedra i ddim meddwl am neud i ffwrdd â fo, dyna sy'n rhyfadd. Mae o'n mynd i dyfu o'r tu mewn i mi, yn mynd i fod yn rhan ohono' i. Cyn bo hir mi fydda i'n 'i glywad o'n cicio, fel gnâth Mam hefo fy chwaer fach.'

Ma' 'na ryw olwg bell, freuddwydiol arni hi, a ma' 'na un blethan frown unig yn disgyn dros 'i thalcan. Wynab gwyn, gwyn sy ganddi. Ma' hi'n wyn drosti i gyd, yn enwedig 'i bronna.

'Gad lonydd i mi, 'nei di! Does gin i ddim isio hogyn bach yn pwyso arna i unwaith eto!'

'Ma' gin i isio dal i fod yn ffrindia, beth bynnag!' Rhyw geisio pigo briwsion ydy peth fel'na, a chadw fy urddas, chwadal 'rhen ddyn.

'Ma' gin i isio mwy na hynny. Ma' gin i isio tad i'r babi, a dwyt ti ddim yn ffitio'r bil.'

Tasa hi'n Annwyl Haf, mi priodwn hi fory nesa tawn i'n câl — a faswn i ddim yn câl gan y gyfraith. Tasa hi'n Annwyl Haf prin y baswn i wedi 'i rhoi hi yn y safla hwn. Rwy'n parchu Annwyl Haf. Angylas ydy hi!

'Mi gwela i di ta.'

Does 'na fawr o bwrpas i mystyn y sgwrs fel tynnu gym o'ch ceg nes bydd o'n strimyn hir main, main, bron, bron â syrthio ar y llawr. Prin bod gin i gymint â hynny i' ddeud wrthi hi.

'Ia, dos di ta.'

Ma' hi wedi hannar troi 'i phen i ffwrdd ac wedi crychu 'i gwefusa, rêl hogan fach wedi câl 'i siomi. Pam hynny? Does arni hi ddim o fy isio i, a does arna i ddim o'i hisio hi! Cyfrifoldab a dim byd arall, dyna sy'n fy nghlymu i wrthi hi. Tramp ydy hi yn y bôn. Be oedd hi'n neud hefo'r boi Safon Pump 'na cyn iddi gychwyn hefo mi?

Cyn i mi fynd gwelis 'i llygid glas, glas yn edrach arna

i. Weithia ma'n nhw'n medru edrach yn galad fel darna o lechi. Rŵan ma' 'na rwbath rhyfadd yn cuddiad yn 'u gwaelodion, rhwbath, tybad, annwyl? Rwy'n cloffi ar hannar cam.

'Dos!' medda hi rhwng 'i dannadd. Tro hwn roedd 'na sŵn drws yn cau'n glep yn 'i llais hi. Roedd 'i llygid wedi colli pob teimlad. Roeddan nhw wedi troi'n ôl yn ddarna pigfain o lechi.

Teulu

Dydy 'marfar corff, y busnas codi dwy law i fyny i 'rawyr a'u gostwng nhw at y llawr yn syth bin fel tasach chi'n deud how-di-dw wrth Ala, rioed wedi apelio ata i. Yndwf, o yndwf, rwy'n barod i redag nes bydd fy nghyhyra bron â thoddi'n saim a fy nhrwyn bron yn llyfu'r llawr o flinder, ond does gen i ddim ydy dim i' ddeud wrth y syrffad 'na, 'dwy fraich i fyny, dwy goes ar led'. Mi fedrwch chi chwara ffwtbol heb neud gormod o'r lol yna. Dyna be ddeudis i wrth y treinar — 'Poen' oeddan ni'r prentisiaid yn 'i alw fo yn 'i gefn. Cwynwrs da ydy'r hogia — cwyno heb neud dim yn 'i gylch o. Mi ddeudis i wrtho fo'r treinar, yn y dechra un, nad oedd gin i fawr o stumog at y busnas chwifio dwylo a chodi coesa, ac mi styfnigodd. Ac mi bigodd ac mi bigodd, rêl rhyw eryr mawr wedi darganfod cyw cloman o dan 'i draed. Mi bigodd unwaith yn rhy amal pan alwodd fi yn *horrible little Welshman* a deud y basa fo'n hoffi piso am fy mhen o uchder mawr. A finna'n perthyn i'r un criw ag Ian Rush! Yn 'i lygad dde y trewis i o. Y gynta oedd honno i fod ond mi ddiflannodd cyn i mi gâl gneud y gwaith yn iawn.

Y Geg Fawr, fel un o'r *Native Welshmen* oedd ar y Staff, a gafodd y dasg o ffarwelio hefo mi. Roedd ganddo docyn trên unffordd yn 'i law chwith, ond fe gynigiodd y dde i mi i ddechra — chwara teg — ac fe ysgydwodd fy llaw nes roedd hi'n clecian.

'Cofia,' medda fo wrth borth yr Orsaf. 'Os bydd dy dad

yn fodlon, mi fedraf gâl lle i ti — fory nesa — gyda rhyw dîm bach yn y *Third*, fory nesa cofia. Dim cwestiyna yn câl 'u gofyn am dy orffennol di a dim llawar o 'marfar corff. Siwtio di i'r T, ond *mum's the word*, cofia, rhag ofn i wyddost-ti-pwy glywad.'

Wyddwn i ddim pwy oedd o ond mi ddiolchais iddo am fod mor feddylgar. Wnes i ddim boddran trio esbonio na faswn i'n mynd 'nôl i'r lle mawr, na mynd ar 'u cyfyl nhw hyd yn oed tawn i'n câl tocyn am ddim i fynd i'w gweld nhw'n chwara. Na chwara hefo clwb yn perthyn i'r *Third*. Na deud wrtho, o ran hynny, fy mod i'n mynd i chwara hefo'r Dre, ac y baswn i'n ymladd am le yn y *Reserves*.

Chwerthin ddaru 'rhen ddyn pan glywodd o'r stori — yn enwedig hanas be ddigwyddodd i lygad Poen — chwerthin nes daru'i frest o ddechra chwibanu fel pwmp chwythu ffwtbols a gneud i'r nyrsys symud fel cwningod o flaen milgi. Ceisiodd un ohonyn nhw neud arwras ohoni'i hun drwy roi cusan bywyd iddo fo. Fe ddaeth 'rhen foi ato'i hun go-iawn ar ganol y perfformiad a chloi'i freichia fel cranc am 'i chanol hi. Diolch i waith da dwy o'r nyrsys yn cosi dan 'i geseilia, arbedwyd hi rhag tyngad waeth na marwolaeth, chwadal Mam.

'Gwatsiwch chi tro nesa!' rhybuddiodd Metron. 'Fyddwn ni ddim hannar mor drugarog hefo chi.'

'Pwy, fi?' gofynnodd 'rhen ddyn yn ddiniwad reit. 'Wnes i ddim byd.'

'Rydan ni'n nabod dy dad cyn heddiw,' dyna oedd dyfarniad ola Mam wrth gerddad adra o'r ysbyty. 'Ond mae o wedi heneiddio ac wedi callio. Erbyn hyn ma'i geg yn bygwth mwy nag y medr 'i gorff o gyflawni.' Ma' gin i ofn ma' un ramantus ydi hi o hyd. Mae'r darlun sy ganddi o 'rhen ddyn yn 'i dychymyg yn un o gradur diniwad, angylaidd.

'Mi faswn i'n hoffi i ti gâl cyfla i gwarfod dy deulu ar f'ochor i, tra bydd popeth yn iawn,' medda hi wedyn, yn hollol ddirybudd. Tra bydd popeth yn iawn hefo beth? Tra bydd popeth yn iawn hefo pwy? Hefo 'rhen ddyn? Nage! Dydy o ddim yn iawn p'run bynnag. Hefo hi? Ella. Ma' hi wedi rhoi'r gora i smygu ers pan gafodd hi lawdriniaeth. Mae'n diodda cur yn 'i phen yn gythreulig rŵan. Effaith cicio'r arferiad ma'n debyg.

'Mi faswn i'n hoffi i ti gwarfod dy daid cyn iddo fynd o'r byd 'ma.'

Mae hi'n siŵr o fod yn mynd yn boncars. Roedd Taid Archer, 'rhen joci bach fel bydd 'rhen ddyn yn 'i alw fo, wedi cicio'r bwcad cyn i mi gâl fy ngeni. Yn ôl 'rhanas, co 'cw ddaru fynd ar noson o binj ar long 'Werddon a hau 'i lwch o ar y ffordd adra. Os na chafodd o fynd i'r Nefoedd, ma'i fwgan o — siŵr o fod — ym mreichia môrforwyn y funud yma. Lle digon borin ydy'r Nefoedd 'na, os ydy disgrifiad Mam ohono'n gywir.

'Taid?' gofynnis gan godi fy llygid tua'r awyr a gneud marc cwestiwn o dôn y llais.

'Ia, dy daid o f'ochor i. Fy nhad i, siŵr iawn! Mae o'n dal i fyw yn Nhŷ Capel Einion. Rwyf wedi sgwennu'n barod, ac y mae o wedi cytuno i ni fynd yno. Ddoi di? Tyrd yn gwmpeini i mi,' chwanegodd wrth fy ngweld i'n edrach yn flin.

Roeddwn i'n meddwl bod y taid hwnnw wedi hen bydru a mynd yn fwyd i falwod. Be fydda 'rhen ddyn yn 'i ddeud amdano hefyd? Nad oedd o a'i deulu'n ddigon da i Sgweiar Einion . . .

Af, mi af hefo hi petai ddim ond er mwyn i mi gâl bysnesu. Ma'r helynt 'na hefo Bympi wedi dŵad i ben yn sydyn reit — matar o fethu â chyfri ar 'i rhan hi! Does gen i ddim i fy nghadw yma. Ma' drysa gobaith ym myd ffwtbol wedi cau, dros dro.

'Tyrd hefo fi, 'ngwas i! Ma' gin i isio esgus i fynd i'w weld o.'

Fe aethon ni; i ryw dwll o siop i ddechra, i brynu owns o shiag, ac yna mewn býs oedd yn bygwth deud Ta-ta wrth 'i sgriws.

'Mi wn i be dach chi'n gâl yn hosan Dolig,' medda fi wrth y Dreifar, gan smalio bod yn ddiniwad iawn.

'Be?' gofynnodd yn glên gan wenu hefo un ochor i'w wynab. Tasa fo'n gwenu hefo'r ochor arall hefyd mi fasan ni ar ein trwyna yn y wal. Roedd Mam wedi gosod 'i hun yn y sêt tu blaen, reit wrth 'i ymyl o, a finna 'rochor arall.

'Býs newydd.'

'Wyt ti'n meddwl bod gin i isio un?' gofynnodd yr un mor glên er bod 'i waed o'n dechra mynd i'w drwyn gan neud i hwnnw edrach yn anghynnas, fel brôn yn ffenast Siop Bwtsiar.

'Paid ti ag atab!' rhybuddiodd Mam. Ac yna dyma hi'n troi at y Dreifar. 'Hen fyrrath ma' plant 'roes yma pan fydd ganddyn nhw ddim byd i'w neud. Dydyn nhw ddim wedi dysgu sut i ddifyrru'u hunain. Fel ein cenhedlaeth ni, yntê Cen?'

Duw, mi fuo jest i'r Dreifar neud i'r býs ddeud how-di-dw wrth wal.

'Dreifar rali ydach chi d'wch?' gofynnis gan benderfynu 'run pryd fy mod i'n mynd i fwynhau'r daith yma'n rhyfeddol. Ddaru o ddim cymryd sylw o be ddeudis i ond mi stopiodd y býs yn ddychrynllyd o sydyn. Ac yna . . . Ac yna, dyma fo'n gafal yn llaw Mam fel tasa fo'n Romeo newydd gwarfod â'i Juliet.

'Cêt!'

Cen a Cêt, a Cêt a Cen! Duwadd, dwi'n siŵr bod 'rhen ddynas yn bishyn pan oedd hi'n fengach. Drychis dros f'ysgwydd i weld be oedd gweddill y býs yn feddwl o'r perfformiad. Roedd brych sêt-ôl yn dal i stwffio'i wynab yn erbyn gwydr, a'r ddwy ddynas gegog yn dal i jib-jabran yn nhrwyna'i gilydd fel jac-dos wedi câl 'u styrbio'n rhy fora mewn corn simdda. Seti gweigion oedd y gweddill. Diolch byth!

Doedd 'na ddim brys ar y Dreifar i ailgychwyn, ond pan ddaru o neud o'r diwadd dyma fo'n cynnig — yn ffeind iawn — 'rhoi record 'mlaen i mi'.

'*Record player*! Gwyrth!' medda fi gan gâl hwyl iawn yn ceisio dychmygu peth mor drwsgwl rwla ym mherfeddion y cerbyd.

'Naci, naci, wasi bach,' medda boio 'run mor fwyn gan ddal i anwesu Mam hefo corneli 'i lygid a thôn 'i lais. 'Ar dâp, siŵr.' A dyma fo'n cychwyn y tâp a gneud i ryw Defi Owen gwyno fel diawl dros lle. Pan ddâth o at cytgan, 'Yma o hyd,' dyma brych a'r ddwy jac-do yn ymuno hefo fo. 'Yma o hyd', o ddifri calon! Ydyn nhw wedi tyfu'n rhan o'r seti erbyn hyn tybad?

Roedd Mam wedi'i siomi pan sylwodd hi nad oedd 'na neb yn y pentra i'n cwarfod ni.

'Mi alla fo fod wedi gneud yr ymdrech. Ar ôl yr holl flynyddoedd,' medda hi â'i hwynab hi'n edrach fel tasa hi wedi sathru un droed hefo'r llall.

'Cŵ-i-i!' gwaeddodd rhyw Fadam Bedyn-Pŵal o ddynas ar draws y stryd. Roedd ganddi hi sana pen-glin, i siwtio'r rhan, a het cowboi. 'Chi 'di ferch o? A'r bachgan bach hefo chi, ella.'

Ma'n gas gin i hen ferchaid sy'n mynnu galw hogyn pedair ar ddeg oed yn fachgan bach. Duwcs, ni fu ond y dim i mi fod yn dadi! Be fasa hi'n ddeud taswn i'n 'i galw hi'n hen gant ar bensiwn?

'Fi 'di'r howsgipar,' eglurodd y ddynas. 'Mus Jôs, Elin i chi. Dydy o ddim yn dda. Ddim yn dda o gwbwl! Ond neith o ddim gwrando arna i, w'chi.'

Roedd 'na ogla rhywun wedi methu â dal 'i ddŵr o

gwmpas y tŷ pan gyrhaeddon ni o'r diwadd. Pan ddâth o, cono, yn nes, mi benderfynis ma' fo oedd 'rachos.

'Ble wyt ti wedi bod 'rholl flynyddoedd?' gofynnodd i Mam. 'A dy dad yn unig ac yn ddiymgeledd yn fan'ma.'

'Beth amdanaf fi, Robat?' gofynnodd Mus Jones — Elin i ni, chwadal hitha.

'Be dach chi'n da! Dydach chi'n ddim ond howsgipar.'

'Chi ddaru f'anfon i i ffwrdd, 'Nhad. Nid fi ddaru'ch gadal chi. Roeddwn i isio dŵad yn ôl, petai ddim ond am ddiwrnod, ond mi wyddwn nad oedd 'ma groeso i mi.'

'Be oeddat ti'n ddisgwyl, a thitha wedi gneud dy nyth yn ogof lladron a godinebwyr? Ac wedi dod ag wyth o'u hil nhw i'r byd. Be wyt ti?' gofynnodd gan droi tu'r min arna i. 'Parri ta Archer? Un cadwedig ynteu sbrigyn o ddrain y diafol? P'run wyt ti d'wad?'

'Peidiwch chi â gofyn cwestiyna fel'na i Henry John Robert Archer!' medda Mam yn fygythiol. Ew! Wyddwn i ddim bod gin i drydydd enw o'r blaen. Ella ma' wedi'i ddyfeisio fo ar funud er mwyn plesio 'rhen fachgian ma' hi. A fonta'n Robat hefyd.

'Robat!' medda fo. 'Roist ti Robat yn enw ar hwn! I be?'

'I gofio amdanach chi, siŵr iawn!'

W-e-l, wel . . . Mi allach fod wedi trawo 'rhen fachgian i lawr hefo llwy de! Wir yr, fe âth yn ddistaw fel y wal honno ddeudodd ddim byd wrth Wil.

'Sut ma' petha yn y Capal y dyddia yma?' gofynnodd Mam. Gofyn er mwyn rhoi blaen siswrn yn y distawrwydd. Mi 'leuodd wynab 'rhen ddyn fel goleudy.

''Run fath â phob capal arall w'sti, y ffyddloniaid yn mynd yn brin, ond rydan ni'n dal i gadw'r drysa'n gorad.' A dyma fo'n gollwng ochenaid fel tasa fo'n newid gêr ar ôl yr holl ddistawrwydd. 'Roedd dy fam isio i mi sgwennu atat pan âth hi'n sâl. Fi oedd yn styfnig. Methu plygu fel arfar. Rwyt ti'n dallt.'

'Ydach chi'n lecio torth gyraints?' gofynnodd Elin ar 'i draws o. 'Ma' gin i jeli a blwmonj i'r bachgan bach.' A thylwyth teg eisin ar ben cacan synnwn i fymryn. Ella y bydd hi'n cynnig doli glwt i mi cyn i mi fynd adra!

'Be ma' hwn yn mynd i' neud ar ôl tyfu'n fawr?' gofynnodd gan nodio i'm cyfeiriad fel taswn i'n blanc, yn methu â deud dim drosta fy hun.

'Wel . . .' Dechreuodd Mam chwythu fel tasa atal deud arni hi. 'Roedd o'n sôn am fod yn, wel . . . ym, ffwtbolar ar un adag, ond mae o wedi callio'n ddiweddar.'

'Ffwtbolar!' medda 'rhen Robat, taid ne beth bynnag arall galwch chi o. 'Mae o'n tynnu ar f'ôl i felly.'

'Chi!' medda Mam gan agor 'i cheg fel tasa hi newydd gâl cynnig taith i'r lleuad. On' toedd 'rhen foi yn llawn hyd 'rymylon o'r annisgwyl.

'Ia, cyn i mi droi at grefydd. Cyn i mi weld y gola coch.' Iesgob, dyna lle ces i fy nawn, gan y relijys meniac yma! Roedd o'n edrach fel tasa fo awydd fy myta i, ac yn gwenu'n hurt fel Cilla Black.

'Yli,' medda fo'n sydyn reit. 'Tyrd hefo mi i ti gâl gweld lle'r oeddwn i'n arfar gwithio erstalwm.'

'Ddyliech chi ddim mynd, Rob . . . Mistar Huws!' medda Ledi Elin.

'Meindiwch 'ych busnas, ddynas! Mi gei ditha ddŵad, os leici di,' medda fo wrth Mam.

'Na. Mi arhosa i'n gwmpeini i Mus Jôs. Mi gawn sgwrs a phanad. Mi fasa'n well i chitha beidio â mynd hefyd.' Roedd 'rhen ddyn yn gneud mwy o stumia wrth geisio codi na fasa dyn wedi stiffio yn neud ar weiran dynn syrcas.

'Mi awn ni'n burion ar ôl câl cychwyn, wasi,' medda fo gan ddilyn cwrs mor igam-ogam â 'rhen ddyn pan fydda fo wedi bod ar binj pythefnos hefo Yncl Edi.

Ar y ffordd mi ddaru fo dynnu fy sylw at ryw betha

bach o'r enw Siôn Gwair — *crickets* yn Susnag medda fo — oedd yn jib-jabran fel diawl, a glöynnods byw brown hefo sbotia cochion arnyn nhw. Roedd y glöynnods yn 'mosod ar floda gwylltion.

'On' tydi hi'n fendigedig!' medda fo. 'Môr, mynydd ac awyr. Be arall sy gin ddyn ei isio?'

Mi fedrwn feddwl am hannar dwsin o betha erill, yn syth bin fwy na heb, ond fasa fo ddim yn 'u cysidro nhw. Felly gwell tewi.

'Awn ni ddim pellach, wasi,' medda fo gan ollwng 'i hun yn llipa fel dilledyn ar giât cae. Roedd hi'n ddigon hawdd gweld 'i fod o'n bygyrd. 'Fe elli di weld lle'r oeddwn i'n gwithio o'r fan yma.'

'Ble?' gofynnis gan chwilio'r 'nialwch oedd o 'mlaen i. Roedd 'na dai fel blycha matsys ymhell bell o dan fy nhrwyn a mynyddoedd a mynyddoedd a choed a choed yn mystyn allan i ganol dim byd ond môr a môr.

'Fan 'cw,' medda fo gan bwyntio at un o'r mynyddoedd. 'Ar boncia'r chwaral 'na.'

Poncia! Roedd y cwbwl lot yn edrach fel golygfa allan o'r ffilm *The Last of the Incas*. Ar un o'r brynia 'na y basa Jeronimo yn cál 'i ladd gan Sbaenwyr.

'Allan yn 'rawyr agorad!' medda fi mewn syndod, yn methu â choelio fy llygid. Roeddwn i'n meddwl 'u bod nhw wedi gorffan gneud gwaith fel'na yn Dartmoor hyd yn oed!

'Wel ia, debyg iawn! Fedri di ddim tyllu a gosod powdwr dan do. Na thrin cerrig chwaith.'

Dyna lle roedd o'n syllu'n wyllt o'i flaen ac yn edrach fel tasa fo'n trio gweld y gwynt. Ac yn methu siŵr dduwcs!

'Roedd o'n amsar difyr w'sti. Rwy'n cofio — fel tasa fo'n ddoe ddwytha — 'radag pan ddechreuis i. Helpu'r go' yn Bonc Isa, cario 'billion a ballu. Pobol yn tynnu 'nghoes i, rhyw hwyl ddiniwad. Mi fedrwn dy gadw di yma drwy'r dydd yn adrodd straeon, ond wna i ddim . . . Fasat ti ddim yn 'u gwerthfawrogi nhw. Gwahanol genhedlaeth, gwahanol oes, gwahanol gyfnod. Cysgod ydw i. Cysgod o'r hyn fuodd. Rwy'n dal i drio mynd i'r Capal. Taswn i'n peidio fasa 'na ddim ond saith yn y gynulleidfa. Ond, ma' 'na ddigon yn barod i gymyd fy lle i ar y Cyngor. Oes, unrhyw ddwrnod, wasi. Digon o Saeson!'

Roedd o'n gwasgu cymint ar y giât nes roedd 'i fysadd a hyd yn oed 'i freichia yn crynu fel postyn gôl pren newydd gâl 'i drawo gan ffwtbol yn mynd ar wib. Fe benderfynis bod Ledi Bedyn-Pŵal yn iawn. Doedd y dyn ddim ffit i fod allan o gwbwl. Sut basa hi arna i tybad taswn i'n gorfod 'i gario fo adra? Doedd o'n ddim ond pentwr o esgyrn a fawr ddim cnawd, ond doeddwn i ddim yn ffansïo'r gwaith.

'Mi awn ni'n nôl dow-dow,' medda fo, a golwg ar 'i wynab o fel tasa fo'n diodda o'r ddannodd. Symudai fel malwan mewn tar ond llwyddodd i gyrradd y tŷ rywsut.

Roedd o wedi aildrydanu'r batris, chwadal Ledi Bedyn, erbyn 'ramsar i ni gychwyn am adra.

'Bobol, ma'n dda gin i dy fod ti wedi dŵad i 'ngweld i!' medda fo wrth Mam ar ganol deud rhyw Ta-ta tragwyddol. 'Paid â bod yn rhy hir yn dŵad eto, a thyrd â Robat bach hefo ti.'

'Ddim yn rhy fuan!' medda fi o dan fy ngwynt. Roeddwn yn diodda poen bol ar ôl llyncu gormod o dreifftyl a blwmonj er mwyn plesio'r howsgipar.

'Drychwch ar 'i ôl o!' siarsiodd Mam, yn ddistaw bach rhag ofn iddo glywad.

'Mi wna i,' medda Ledi Elin, yr un mor ddistaw. 'Ma' 'rhen beth 'na — wyddoch chi be ydw' i'n feddwl — arno fo, fel deudis i wrthach chi, ond mae o'n gwrthod cydnabod hynny.'

'Ydy Robat yn un o f'enwa i?' gofynnis i Mam yn y býs cyn iddi gâl cyfla i fynd drwyn-yn-drwyn hefo'r Dreifar. Roeddwn i'n barod i chwerthin pan fasa hi'n atab, 'nac ydi', ond nâth hi ddim.

'A dydach chi ddim yn 'i gasáu fo o gwbwl. Ar ôl y cyfan nâth o i chi! Ar ôl iddo wrthod cydnabod bod 'rhen ddyn yn ŵr i chi!'

'Pam y dyliwn i! 'Nhad ydy o, yntê?'

Iesgob, nid fel'na rydw i'n teimlo at 'rhen ddyn!

Ymhen rhyw bythefnos y daeth llythyr i ddeud 'i fod o wedi llwyddo i groesi'r afon yn saff, ac i ddeud wrthan ni amsar c'nebrwn. Fe aethon ni yno ein dau, Mam a finna, ond dim ond ar ôl i mi gâl deud fy nghwyn.

Roedd Elin, Ledi Bedyn-Pŵal, wedi'i gwisgo mewn du o'i chorun i'w sodla. Roedd hi'n teimlo'r gollad yn fwy nag y baswn i'n ddisgwyl.

'Dowch hefo fi o gwmpas y tŷ,' medda hi wrth Mam ar ôl y gwasanaeth. 'Chi bia'r petha 'ma rŵan.'

Lwcus iawn wir, medda fi wrthaf fy hun. Roedd 'na lestri bach reit neis yno, petha y basa 'rhen ddyn yn talu ffortiwn amdanyn nhw er mwyn câl 'u gwerthu nhw am grocbris.

'Dyma fy llofft i,' medda hi gan agor y drws yn llydan, cystal â deud 'dewch i mewn'. Dwn i ddim pam roedd hi'n boddran, o achos — yn wahanol i'r llofft arall — doedd 'na fawr ddim byd ynddi. Mi ddigwyddis i edrach ar lygid Mam. Roeddan nhw'n cau ac yn agor fel llenni camera ond ddeudodd hi ddim gair o'i phen.

Ar ôl i'r perthnasa o bell ddiflannu dymà hi'n taclo 'rhen ledi. Yn ara deg bach llwyddodd i dynnu dannadd stori 'i bywyd allan ohoni. Fe lithris inna i'r cysgodion er mwyn câl llonydd i wrando. Roedd Elin, Ledi Bedyn-Pŵal a taid, Robat ne beth bynnag arall galwch chi o, choeliwch chi byth, wedi byw i ryw radda fel gŵr a gwraig ers blynyddoedd. Anhygoel — dyna i chi air da, ond doedd y sefyllfa ddim mor anarferol â hynny. Ma'n nhw'n byw felly bob yn ail dŷ yn Victoria Terrace. Er hwylustod roedd o i ddechra', medda hi. Fo'n sâl — nid y salwch oedd arno fo rŵan — a hitha'n mynd o dan dillad er mwyn cadw'n gynnas. Hwylus iawn!

'A ddaru o ddim cynnig 'ych priodi chi?' gofynnodd Mam mewn rhyfeddod.

'Naddo! Roedd o isio aros yn ffyddlon iddi hi, 'ych mam.'

'Na dal i dalu'ch cyflog?'

'O . . . y, na. Na, ond mi fyddwn yn câl unrhyw beth fyddwn i ei isio cofiwch. O fewn rheswm, tê?'

Fe aeth Mam i'w chragan am dipyn gan adal 'rhen ddynas yn siarad ugian y dwsin, a deud dim byd o bwys. Am 'ramsar da roeddan nhw wedi'i dreulio hefo'i gilydd yn y tŷ. Mor ddiolchgar oedd o am bopeth oedd hi'n neud ar 'i ran o. Ac fel y bydda fo'n diolch wrth bwrdd bwyd am 'ymgeledd gymwys', hynny ydy y hi.

'Na, faswn i ddim yn 'i newid o am ŵr priod go-iawn. A does gen i ddim c'wilydd chwaith am 'rhyn wnes i. Dim ond fy mod i'n dymuno cadw'n ddistaw er 'i fwyn o. Er mwyn 'i enw da fo. Roedd o'n câl 'i barchu yn 'rardal yma.'

Roeddwn i'n ama bod Mam yn cwcio rhwbath o dan 'i chyrls. Mi ddôth allan fel bwlad.

'Chi bia'r cyfan!'

'Y!' medda fi.

'Y!' medda 'rhen Elin, gan sefyll yn stond ar ganol llawr gegin hefo'r brocar yn pwyntio ata i. Ar ganol procio'r tân roedd hi, a heb awydd fy mwrdro. Gobeithio! Mi ddaru Mam ddeud ma' hi, Elin, oedd bia'r dodrefn a'r holl gynnwys. Mi ddaru 'rhen ledi ddeud nad oedd arni isio nhw. Mi ddaru Mam ddeud bod yn rhaid iddi 'u cymyd nhw, bod ganddi ryw 'hawl foesol' iddyn nhw. Mi ddeudodd 'rhen ledi bod teulu'n bwysicach a bod gwaed yn dewach na dŵr. Mi ddeudodd Mam bod 'rhen ledi yn fwy o deulu agos na neb. Ac yna — ffiw — mi ddaru 'rhen ledi ddeud y basa hi'n 'u derbyn nhw ar dryst, ar fenthyg, fel petai, a dros dro yn unig, ond y basan nhw'n mynd i Mam yn y pen draw. Ac fe gytunodd Mam. Diolch byth! Roeddwn i'n dechra magu gwddw tenis wrth edrach 'nôl ac ymlaen, 'nôl ac ymlaen rhyngddyn nhw.

Mi 'nâth Mam wrthod 'mynd â rhwbath bach i gofio' hyd yn oed. Ofn i 'rhen ddyn, a fynta'n dŵad adra 'rwsnos nesa, 'i weld o, eglurodd yn y bỳs wedyn wrtha i.

Wyddwn i ddim yn y byd be i neud pan dorrodd hi allan i chwerthin dros bob man nes deffro brych, oedd yn chwyrnu yn y sêt ôl. Ma'n nhw'n deud y dyliach chi roi peltan fach sydyn i bobol sy'n diodda o sioc. Fedrwn i ddim rhoi peltan i Mam, a hitha fel roedd hi!

'Pidiwch!' medda fi gan neud i fy llais swnio'n fwyn, fwyn. 'Pidiwch â chwerthin fel'na! Mae o'n codi ofn arna i.'

'Wel, yr hen beth gwirion!' medda hi gan roi un fraich am fy ngwddw a fy ngwasgu'n seitan. 'Roeddat ti'n meddwl bod dy fam yn mynd yn boncars, toeddat? A finna ddim ond yn chwerthin wrth gofio fel bydda fo'n goblyn o gaeth hefo fi pan oeddwn i'n ifanc wirion. Gwna hyn a phaid â gneud y peth arall, gweld du yn ddu a gwyn yn wyn. A dyma fo wedi rhoi 'i draed ynddi o ddifri ar ddiwadd 'i oes. Wedi godinebu yn ôl 'i gredoa bach, henffasiwn o'i hun. Ac yn gweld bai arna i am briodi 'tincar diog'.'

Weithia, pan fydda i'n cofio amdano, mi fydda i'n gresynu na ches i ddŵad i'w nabod o'n well. Dim ond dau daid ma' pawb yn gâl.

Ledi Offilia

'Ma' hi newydd fod heibio,' medda Mam wrtha i.
'Pwy?'
'Annwyl Haf.'

Ma' Annwyl Haf yn aros hefo'i modryb ers misoedd ac yn mynd i ysgol arall ymhell bell i ffwrdd. Mi 'nes i gychwyn cerddad yno un pnawn Sadwrn ac roeddwn wedi mynd bum milltir heb lifft cyn cysidro mor wirion oeddwn i a throi'n ôl. Mi faswn i'n sgwennu tasa hi'n anfon ata i gynta.

'Aros!' gwaeddodd Mam a finna ar fin rhuthro allan i chwilio amdani. I nunlla ac i bobman. 'Roedd 'na fachgen arall hefo hi. Wel . . . dyn, mewn gwirionedd.'

Wyddoch chi'r teimlad, pan fyddwch chi wedi aros am funud mewn ffair i drychad o'ch cwmpas a llyncu'r awyrgylch? Ma'ch llgada chi'n llawn o oleuada bob lliw a'ch ffroena chi'n agor i dderbyn ogla cŵn poeth a phobol yn chwythu ac yn chwysu. Ma' hi wedi bod yn bwrw ond ma' 'rawyr wedi clirio'n sydyn ac ma' 'na un seran yng nghanol y llonyddwch yn edrach braidd yn syn ac yn syrffedus ar holl oleuada'r lle. Ac yna, ar amrantiad, heb rybudd yn y byd, ma' 'na ryw lob yn penderfynu clirio dŵr o ben pabell ac yn rhoi uffarn o sgwd iddo nes bydd yna joch anferthol yn disgyn ar 'ych pen chi a difetha'r cwbwl . . . Dyna fel roeddwn i'n teimlo — fel tasa ton o ddŵr oer wedi disgyn arna i.

'Ella ma' perthynas ne ffrind i'r teulu oedd o.' Ceisio

bod yn garedig ma' Mam. Yn ddiweddar ma' hi a fi wedi mynd yn reit glós. Mi fydd hi'n deud straeon wrtha i am Taid yn y chwaral, cyn iddo fynd yn gas a'i hel hi dros y drws. Ma' hi fel tasa hi'n meddwl mwy o Robat ar ôl deall 'i fod o wedi byw tali hefo'r howsgipar am flynyddoedd. Mi âth i edrach am Elin y dwrnod o'r blaen — pan oeddwn i'n 'rysgol, ac mi ddâth yn 'i hôl hefo llond 'i haffla o betha bach hefo 'Present from Dinas Twll-din-byd' a rhyw lol sentimental felly arnyn nhw. Ma'n debyg 'i bod hi wedi styriad na fasa 'rhen ddyn yn cál llawar am betha fel'na, hyd yn oed tasa fo'n cál 'i law arnyn nhw.

Ma'r co wedi dŵad o'r sbyty ar ôl clywad am brodas a ma' fo'n treulio'r amsar yn y gwely yn ceisio gwella mewn pryd. Mae'n mynd yn waeth os rhwbath wrth hel atgofion hefo Jo. Tasa fo wedi gneud y cwbwl ma' fo'n ddeud nâth o'n y sbyty, fasa fo ddim wedi dŵad o 'no! Gwisgo carpad grisia yn dylla ma' Mam, er mwyn dyn sy wedi'i gadal hi sawl gwaith yn y gorffennol ac a fasa'n 'i gadal hi fory nesa tasa fo'n gweld cywen fach ifanc yn hedfan heibio ac yn siglo'i chynffon arno fo. Ond dyna fo, ella bod dynas ramantus yn medru gweld du yn wyn pan ma' hi'n dymuno.

Sut ydach chi'n dal ati i fyw pan ma'r haul wedi mynd i lawr a byth yn mynd i godi eto? Pan ma' cymyla yn gwasgu amdanoch chi a'ch calon chi'n crebachu. Pan ma' to'r byd yn disgyn yn chwilfriw o'ch cwmpas chi. Fedrwch chi byth bythoedd osod Hympti Dympti yn ôl hefo'i gilydd drachefn, meddan nhw. Beryg na fedra inna byth ennill Annwyl Haf yn ôl. Mi redis yr holl ffordd i lawr i ganol y dre ac mi gwelis i nhw yn y caffi. Iddyn nhw doedd 'na ond nhw ill dau yn 'rholl fyd. Doeddan nhw'n clywad dim ond geiria'i gilydd ac yn gweld dim ond wyneba 'i gilydd. Rwy'n dal i garu'r graith fach 'na sy 'nghongol 'i llygad chwith ac rwy'n dal i anwylo'r arferiad yna sy ganddi o gosi blaen 'i thrwyn pan fydd hi'n câl hwyl hefo hi 'i hun. Ond cha i byth eto gyfla i chwerthin hefo hi a cha i byth eto deimlo'i bysadd yn gwasgu fy mysadd i, a'i hewinedd cath fach, chwareus yn turio i gledar fy llaw . . .

Mi geisiais i lithro i ffwrdd fel pwff o fwg o beipan egsôst car ond mi gwelodd fi ac roedd hi allan fel melltan.

'Tyrd yn d'ôl! Dwyt ti ddim wedi gweld Alex. Mae o'n gariad . . ! Mae o'n chwara rygbi i ail dîm y Coleg. Fe ddyliet ti a fo ddod ymlaen yn dda hefo'ch gilydd . . .' Ma' hi'n tynnu yn fy llaw i, yn fy nhynnu fi'n ôl i gwarfod rhyw foi sy wedi'i dwyn hi oddi arna i . . . Merchaid! Iesgob, dydyn nhw ddim yn gwbod y gwahaniaeth rhwng rygbi a ffwtbol! Be fedrwch chi ddisgwyl o ddifri? Ma'r boi yn un deg wyth oed. Pam na ddeuda i *eighteen*, a finna ddim angan 'i phlesio hi byth mwy? Sais ydy o, yn siarad Susnag crachach. Ma' 'ngheg i isio deud, 'Tyrd hefo mi, Annwyl Haf, a gad y diawl hen yma,' ond rwy'n cau fel clamp ac yn methu deud dim . . . Rydw i'n berwi o eiddigedd ond fedra i ddim meddwl am esgus i dynnu'r gadar odano a'i luchio fo ar y llawr . . . Ma'n nhw'n cilio'n raddol i'w byd bach hyfryd 'u hunain gan fy ngadal i'n syllu ar fy ngwinadd. O'r diwadd rwy'n mwmblan rhwbath am fynd adra.

'Dim eto!' medda hi. Dydy hi ddim yn barod i 'ngollwng i'n rhydd, ac eto pan ma' hi'n troi ata i ma' hi'n edrach yn syn fel tasa hi'n methu â dallt o ba dwll y dois i.

'Very pleased to meet you, old chap!' medda fo yn y dôn o lais y bydd dyn yn 'i oed a'i amsar yn ddefnyddio wrth gyfarch plentyn.

* * *

'Rwyt ti'n edrach fel ci wedi colli asgwrn!' medda Mam pan lusgis i mewn i'r tŷ. 'Dos i fyny at dy dad. Ella y medar o godi dy hwylia di. Ma'r breidgrŵm yna hefyd!'

Dyna lle'r oedd Stifyn Watsys a 'rhen ddyn yn chwerthin yn braf, yn union fel tasa un ohonyn nhw rioed wedi hannar lladd y llall.

'Fedrwch chi godi calon boi bach?' gofynnodd Mam. 'Mae o wedi colli'i gariad.'

Ddyla hi ddim bod wedi deud y peth fel'na ond rwy'n hannar madda o achos 'i bod hi'n well os rhwbath ers pan ddâth 'rhen ddyn adra i aros yn 'i wely.

'Does 'na'r un fodan yn y byd yn werth *worry*,' medda Stifyn yn ddoeth, ac yna, fel tasa fo'n sylweddoli be oedd o wedi ddeud ac ofn y canlyniada', '*Some but not all*, yntê Mistyr Archer bach?'

'Ydy hi wedi mynd?' gofynnodd 'rhen ddyn a dim ond 'i drwyn o'n gwthio allan rhwng cynfas gwely a chap nos 'rhen Joci Bach, hynny ydy Taid Archer, ein tad ni oll.

'*Sure thing!*' medda Stifyn gan neud corn siarad o fysadd un llaw. Rhag ofn i Mam 'i glywad o i lawr grisia ella.

'Ma' gin i waith i ti,' medda trwyn 'rhen ddyn.

'*Little job*,' medda Stifyn yn Susnag. Rhag ofn nad oeddwn i wedi dallt Cymraeg, ella.

'Damia di, Stifyn!' cwynodd trwyn. 'Does gin i ddim angan cyfieithydd. Yli,' medda fo gan droi ata i. 'Ma' gynnon ni isio rhywun tebol i edrach ar ôl giast fach . . . Am wsnos ella.'

'Pa frid?' gofynnis. Yn ddistaw bach, rhyngoch chi a fi, ma' gin i ofn cŵn sy'n brathu.

'Pecinî,' medda 'rhen ddyn. Erbyn hyn roedd o'n fo'i hun, wedi tynnu'r cap nos.

'Fel Ledi Offilia,' medda fi.

'Ledi Offilia ydy hi,' medda fo. 'Rydan ni'n mynd i'w dwyn a'i dal hi nes cawn ni arian amdani.'

Ma' Ledi Offilia yn byw hefo Anti Jam, ac yn cysgu ar wely hefo cwrlid sidan arno fo. Ma' Anti Jam yn ferch i Yncl Beniamino — welis i rioed mono fo, o achos roedd o'n byw yn Chicago pan oedd Al Capôn yn 'i breim. Os wna i ddeud ma' Beniamino Carwso oedd 'i enw fo mi ddalltwch pam roedd o isio mab, a hwnnw'n denor. I fynd hefo'r enw. Yn ôl be glywis i, mi dreuliodd bob munud sbâr o'i oes yn trio câl un, ond chafodd o 'run. Dim ond Anti Jam. A dydy dynas ddim yn gneud tenor, meddach chi, sy'n siŵr o fod yn dallt llawar iawn mwy na fi am ganu. Dyna lle dach chi'n methu. Mi nâth Yncyl Beniamino'i ora glas hefo be gafodd o, ac mi lwyddodd i radda. Roedd hi'n canu ar lwyfan — canu tenor — rywdro ar ôl troad y ganrif, rhyw fath o act arbennig mewn gwirionadd ar 'run llinella â dynas dew mewn ffair. Chlywch chi mohoni yn canu ar goedd dyddia yma, dim ond wrth llnau 'i dannadd yn y bora. Cerdd dant ma' Mam yn 'i alw fo. Rhyw ganeuon ydyn nhw hefo 'cara mia' a 'sorento' yn digwydd mor amal ynddyn nhw â chyraints mewn torth frith . . .

'*Twenty-five per cent*,' medda fi ar ôl cysidro'n hir â fy mhen rhwng fy nwylo.

'Y?' medda 'rhen ddyn.

'*Twenty-five per cent* o'r pres gewch chi am Ledi Offilia ac arian ar law rŵan i dalu am bum tun o Chum.'

'Dim peryg,' medda 'rhen ddyn. 'Wyddost ti ma' cynllun ydy hwn i helpu Stifyn bach i brynu modrwy brodas i dy chwaer? Dy chwaer di, a fy merch i, Jean Louise!' A dyma fo'n rhoi un llaw am wddw Stifyn a'i wasgu fo fel tasa fo'r mab afradlon hwnnw fydd Mam yn sôn amdano weithia, newydd ddŵad i edrach am 'i dad ciami hefo llond bag o benisilin.

'*Twenty-five per cent* ne ddim,' medda fi, gan 'i feddwl o. 'Ma' 'na'r fath beth â châl 'ych talu am neud gwaith peryglus, toes? A phres am fwyd ci.'

Astudiodd Stifyn Watsys 'i lyfr bach coch am rai munuda cyn cynnig 'i gynllun o.

'*Twenty-five per cent of share* i, a *twenty-five per cent of share* ti, Henry,' medda fo'n bwysig i gyd. '*A further one per cent* i dalu am bwydi-bwydis i'r *doggie.*'

Mi drychodd 'rhen ddyn arno fo fel tasa fo'n gweld athrylith ym myd arian am y tro cynta rioed, ond roeddwn i'n dallt sut roedd 'i feddwl o'n gwithio. Meddwl roedd Stifyn y basa'n rhaid i 'rhen ddyn, a fynta'n byw yn 'run tŷ â fi, dalu'r cyfan, ond y basa fo'i hun yn câl peidio talu mwy nag un y cant. A be ydy un y cant o ddim byd? Tasa nhw'n methu câl arian am ollwng yr ast yn rhydd mi faswn i'n brin wedyn o bres, yr ydw i'n barod hebddyn nhw, ar gyfer prynu bwyd i Ledi Offilia.

'Pum punt am fwyd ci a ma' gynnoch chi dreinar cŵn yn sefyll o'ch blaen,' medda fi'n hyderus.

'Dwy bunt,' cynigiodd 'rhen ddyn.

'*One-fifty*,' medda Stifyn, yn benderfynol o ddelio mewn cinioga.

'Dwy bunt, pum deg ceiniog ne ddim,' medda finna gan baratoi i 'madal.

'*Done!*' gwaeddodd Stifyn, heb ddallt Cymraeg yn iawn, siŵr o fod. Dyma fo'n dŵad ata i wedyn a rhoi swadan iawn ar gledar fy llaw. 'Reit!' medda fi wrtha fy hun, a symud i gyfeiriad 'rhen ddyn, gan godi fy llaw yn barod i dalu'n ôl iddo fo!

'Be santi!' medda fo'n flin a thynnu 'i law i ffwrdd yn bur sydyn.

'Isio pres.'

'Stifyn sy'n talu,'

'Y! Pam fi?' medda boi watsys. 'Mae gin i blincin *overheads.*'

'Ngwas gwyn i!' medda 'rhen ddyn gan ddefnyddio un o ymadroddion Mam. 'Er dy fwyn di rydyn ni'n gneud hyn i gyd.'

Mi gadewis i nhw i gymysgu 'u potas 'u hunain.

Balŵn anfarth o ddynas, hefo bronna fel peli rygbi wedi 'u chwythu allan o siâp, ydy Jamima Carwso. Erstalwm mi fydda gin i 'i hofn hi drwy 'nhin, yn enwedig pan fydda hi'n gafal yndda fi a fy ngwasgu'n dwmplyn bach ar fy nhrwyn i ganol 'i bronna'. Ma' sgyfaint hogyn bach yn dal cyn lleiad o wynt, yn tydyn? A hitha'n ceisio'i gora i neud lledan ohona i rhwng pwysi o flonag. Ella 'i bod hi'n hen erbyn hyn ond ma' hi'n dal yn beryg bywyd er hynny!

'Ydy Annwyl Haf yn dod yn 'i hôl?' gofynnodd Mam pan ddois i lawr grisia. Roedd 'na ryw dinc bach o 'rydw i'n cydymdeimlo drostat ti cofia' yn 'i llais. Wedi difaru'i bod hi wedi deud be ddudodd hi gynna, ella.

'Nac ydy!'

Fiw i mi roi lle i fy nheimlada rhag ofn i Mam sylweddoli cymint rydw i'n caru Annwyl Haf.

'Mae merched yn medru newid 'u meddylia, w'sti.'

'Ydyn nhw?'

Gyda hynny o eiria mi es allan am awyr iach.

Erbyn i mi ddŵad yn ôl roedd Stifyn wedi câl gafal ar Ledi Offilia yn 'rardd gefn drws nesa a hitha ar ganol gneud 'i 'wpis', chwadal ynta. Pan gyrhaeddis i roedd o'n stwffio un bys at y bôn i mewn i'w geg ac yn edrach yn flin ar Ledi Offilia. Tasa modd chwyddo maint y pecinî tua chant o weithia mi fasa'n siŵr o fod yn debyg i deigras wedi'i chornelu ar y soffa ac yn deud wrth bawb a phopeth yn 'i hiaith 'i hun, 'Dowch ar fy ôl i os beiddiwch chi, ond watsiwch be gewch chi os ca i hannar cyfla i frathu.'

'Dyma hi,' medda 'rhen ddyn hefo ochenaid o ryddhad, yn falch o gael gwarad â'r ast. 'Dy gyfrifoldab di ydy hi rŵan.'

'*Too true!*' medda Stifyn gan ddynesu at yr ast a gneud stumia fel tasa fo'n mynd i'w thrawo hi. Mi âth Ledi Offilia yn lloerig ac mi giliodd Stifyn.

'Tair punt,' medda fi a dal fy llaw agorad o flaen Stifyn.

'Hei, blydi hel!' medda fo. '*One-fifty.*'

'Chwyddiant!' medda fi. 'Tala, wasi ne mi fydda i'n rhoi'r ffidil yn y to!'

Mi ges ddau bisyn punt ar law cyn iddo ddechra crafu. Nid fy mod i'n poeni llawar am y bunt ola. Elw clir ydy'r cyfan p'run bynnag. Tydw i ddim yn bwriadu gwario pres prin ar brynu tunia o fwyd ci. Ma' 'na fwyd arall i'w gâl, yn rhad ac am ddim. Mi es ar fy nglinia y tu ôl i'r soffa tra oedd Stifyn yn tynnu sylw Ledi Offilia. Un naid sydyn o gysgod y soffa ac roeddwn wedi câl gafal arni gerfydd 'i gwddw. Daliais hi i fyny wrth 'i gwar. Roedd yn chwythu ac yn poeri fel llgodan fawr.

'Dos â hi o'ma!' medda 'rhen ddyn. 'Rhag ofn i dy fam 'i gweld hi.'

Mae o'n meddwl y bydd Mam yn cydymdeimlo hefo Anti Jam ac y bydd hi isio rhoi'r ast yn 'i hôl. Ella'i fod o'n iawn, o achos ma' hi wedi newid.

Yr Ostin mawr fydd Palas Ledi Offilia am chydig. Does 'na ddim 'cyfleustera' ynddo fo, ond mi gaiff ddigon o awyr iach! Ac mi fydd chydig o grystia yn newid o'r bwyd stêc 'na oedd hi'n arfar gâl. Lawr yng ngwaelod 'rardd prin bydd neb yn 'i chlywad yn cwyno . . .

Rarglwydd roedd 'na gomosiwn yn y tŷ 'ma neithiwr. Clywad Mam yn gweiddi rhwbath ar 'rhen foi — ma'n nhw mewn gwahanol llofftydd am chydig — nâth i mi ddeffro, a fedrwn i ddim mynd i gysgu wedyn. Roedd 'na gymint o sŵn ag y bydd pump o Indiaid Coch yn neud wrth nadu ar ôl un Pennaeth.

'Ma'n rhaid i mi fynd ati,' medda Mam, wedi penderfynu mai o drws nesa roedd y sŵn yn dod. Nâth 'rhen ddyn ddeud dim, ond mi drychodd arna i cystal â gofyn, 'Be 'dan ni wedi neud i haeddu hyn?' O dipyn i beth mi ddâth y sŵn yn nes ac yn nes, sŵn fel t'rana cyn storm. Ac yna mi gerddodd Anti Jam i mewn i tŷ ni.

'Fedra i ddim gadal y gryduras ar 'i phen 'i hun,' medda Mam wrth baratoi i fynd i'r gwely at 'rhen ddyn. Anti Jam oedd yn cysgu yn 'i gwely hi. Nâth 'rhen ddyn ddim cwyno o gwbwl. Fi ddaru ddiodda! Roedd y llofft lle cysgai Anti Jam o dan fy nhraed i. Roedd hi'n crio drwy'r nos — yn ddistaw bach, ella, yn ôl 'i syniada hi — ond ma' ledi tenor yn cynhyrchu llawar iawn mwy o lais na rhywun cyffredin.

Roedd hi'n gneud rhyw sŵn yn y stafall molchi, a Mam — a finna o ran hynny — yn teimlo'n sâl wrth wrando arni. Dyna pryd y penderfynis i bod 'na walia tewion iawn rhyngon ni a drws nesa. Siŵr o fod! Ne mi fasan ni'n sicr o glywad y sŵn ofnadwy yna bob dydd o'r flwyddyn.

Erbyn gyda'r nos roedd 'rhen ddyn wedi hario'n lân. 'Dos i nôl Stifyn,' medda fo. 'Mi fydd yn rhaid i ni sgwennu at Anti Jam cyn gyntad ag sy bosib.'

'Pam sgwennu?' gofynnis.

'Am ma' sgwennu ne ffonio y bydd y *kidnappers* yn 'i neud. A fedrwn ni ddim ffonio, yn na fedrwn, a hitha'n byw yn 'run tŷ â ni rŵan!'

Roedd Stifyn wedi paratoi'r llythyr yn barod, wedi torri llythrenna allan o *Woman's Own* a'u pastio nhw ar bapur llwyd i neud geiria, a'r geiria hefo'i gilydd yn gneud llythyr. Mil o bunnau oedd o'n ofyn am Ledi Offilia, gormod o beth gythral yn ôl fy syniada i.

'Pam *Woman's Own*?' gofynnis.

'Aha!' medda fo gan roi bys ar ochor 'i ben i awgrymu bod 'na rwbath gwell na gwynt yno. 'Os ydw i'n *mention cuttings* o *Woman's Own* be sy'n dŵad i dy frêns di, i dy *thinking-cap* di, *straight off?*'

'Storïa rhamantus,' medda fi gan feddwl am Mam, ac ychwanegu *romantic stories* er mwyn Stifyn.

'*No deal! No deal! Woman's* yn syjestio merched, siŵr Dduw! Merched yn gneud drwg.'

Fe ddisgynnodd y geiniog. Roedd boio yn awgrymu y basa'r Glas, petai'r llythyr yn disgyn i'w dwylo nhw, yn siŵr o feddwl mai merch neu ferched oedd yn gyfrifol. Am fod y llythrenna wedi dŵad allan o *Woman's Own*.

Fi, debyg iawn, gafodd y gwaith o chwara postman yn y bora — ar ôl diodda noson arall heb lawar o gwsg. Gwisgis bâr o fenyg Mam ar gyfar y rhan, rhag ofn gadal ôl bysadd, chwadal Stifyn. Mynd allan o tŷ ni drwy'r drws cefn wnes i a gollwng y llythyr drwy dwll post yn y drws ffrynt. Dyna'r pryd y gwnes i feddwl y basa'n beth da i mi gâl golwg ar yr ast a rhoi brecwast iddi. Doedd Ledi Offilia ddim wedi arfar byta cyw iâr yn syth allan o rewgell i swpar a châl llefrith tun i'w olchi fo i lawr.

Fe'i clywis i hi fel roeddwn i'n dynesu at yr Ostin yn crio'n ddistaw bach, neis, fel y dylia gast fach o frid 'i neud. 'Daf i ddim i'w styrbio hi, medda fi wrtha fy hun. Fe gaiff hi fwyd ymhen rhyw awr. Mi fydd hynny'n ddigon buan. Duwcs, medda fi wedyn, wrth droi 'nghefn yn barod i gerddad i ffwrdd. Waeth i mi gâl cip arni drwy wydr ffenast tra bydda i yma. Mi drychis i drwy ffenast gefn 'rhen gar ac mi gwelis i o! Teriar bach yn trio'i wthio'i hun allan drwy dwll yng nghefn y car ac yn syllu'n syth i fy wynab i wrth neud rhyw sŵn bach trist yn 'i wddw.

Ma'n debyg bod y diawl gwirion wedi llwyddo i neud twll yn y rhwd oedd ar gefn y car a'i wthio'i hun i mewn. Ffansïo'r goes cyw iâr roedd o wrth gwrs. Mi studiodd

Ledi Offilia sut y dâth o i fewn ac mi âth hitha allan 'run ffordd. Ac yna fe ddarganfu'r ci nad oedd hi'n llawn mor hawdd iddo fo, oedd chydig yn fwy na'r ast, fynd allan drwy'r twll o'r ochor wahanol i'r ochor y dâth o i fewn. Be allwn i neud? Y? Dim ond 'i ollwng o'n rhydd! Dydy ci fel fo ddim yn werth 'i ddwyn, waeth pwy sy pia fo.

Drwy lwc doedd Mam nac Anti Jam ddim wedi gweld y llythyr oedd ar y mat tu fewn i'r drws ffrynt. Mi stwffis i o i mewn i 'mhocad ar y ffordd i fyny'r grisia i lofft 'rhen ddyn. Roedd Stifyn yno'n barod — ar ddôl ma' Stifyn dros y gaea — wrthi'n cynllunio hefo 'rhen ddyn.

'Be santi isio?' gofynnodd 'rhen ddyn yn bigog.

'... *do you want?*' gorffennodd Stifyn ar 'i ôl o.

'Does 'na ddim mwy o bres i'w gâl ar hyn o bryd,' medda 'rhen ddyn.

'*No money!*' medda Stifyn.

'Ma' Ledi Offilia wedi dengid!'

'Y!' medda 'rhen ddyn cyn cymyd un cam bygythiol yn nhraed 'i sana i 'nghyfeiriad i.

Nâth Stifyn ddeud dim, ond mi symudodd gam am gam hefo 'rhen ddyn. Mi es ymlaen i egluro fel roedd y teriar wedi torri i mewn i'r Ostin, ac wedi hwyluso'r ffordd i Ledi Offilia ddianc. Mi 'nes i grybwyll mor lwcus oeddan nhw, a fi, am fy mod i wedi llwyddo i gâl fy nwylo ar y llythyr i Anti Jam cyn i neb arall 'i weld o. Pan glywodd o enw Anti Jam, mi 'leuodd llygid 'rhen ddyn. Mi allwn ddychmygu 'i fennydd, y mymryn sy ganddo, yn gwithio fel coblyn.

Anti Jam − Ledi Offilia = twrw

Anti Jam + Ledi Offilia = heddwch.

Roedd Stifyn yn wahanol. Roedd Stifyn wedi colli teirpunt.

'*Fair's fair!*' medda fo. 'Tri punt, plîs! Rŵan hyn!' A dyma fo'n estyn 'i law dde allan. Mi rois i ddwy bunt a deg ciniog ar 'i chledar hi. Ond tydi un tun o fwyd ci ddim yn bedwar deg pump ciniog, taech chi'n 'i brynu fo'n y siop ddruta.

'*No you don't!*' medda Stifyn gan gymyd un cam a hannar arall i'm cyfeiriad i. Mi nâth 'rhen ddyn 'i nadu fo ar ddiwadd yr un a hannar.

'Paid ti â chyffwrdd ynddo fo, Stifyn!'

Doedd Stifyn ddim wedi anghofio'r gweir gafodd o gan 'rhen ddyn radag y rhoes o lygad du i Jean Louise. Un rhyfadd ydy 'rhen ddyn, mae'n teimlo'n rhydd i golbio gartra, ond watsiwch chi os gneith rhywun arall guro un o'i blant o. Buan iawn y codith o'i wrychyn!

Roedd 'na un broblam fawr yn aros heb atab iddi. Ddâth Ledi Offilia ddim yn 'i hôl, ddim yn syth bin, beth bynnag.

'Fedrwn ni ddim byw fel hyn,' cwynodd 'rhen ddyn wrth Mam am y naw-cant-naw-deg-a-nawfed tro. Cyfodai llais Anti Jam i awyr hwyrol y dre fel llef uchel, fain yr Iman hwnnw yn y llun am Irac a Sadam Hwsên. Uwchlaw sŵn y teledu, uwchlaw cynnwrf y traffig ar y stryd. Uwchlaw popeth!

'Torri'i chalon y mae'r gryduras fach,' medda Mam yn dosturiol.

'A ydy'n rhaid i mi 'i diodda hi yn fy nhŷ fy hun?' medda fo gan feddwl amdano'i hun fel arfar.

'Na, ond gneud sŵn fasa hi'n drws nesa hefyd.'

Wedi ceisio a methu â chysgu hefo'i glustia'n llawn o wlân cotwm, penderfynodd nad oedd 'na ond un atab i'r broblam, câl gafal ar gi arall. Ac nid unrhyw fath o gi, chwaith, ond gast becinî o frid. Ddaru o ddim talu amdani. Ma' 'na ffyrdd erill i gâl gafal ar becinî hyd yn oed! Fe dderbyniwyd yr ast â breichia agorad gan Anti Jam a chafodd 'i hailfedyddio'n syth yn Ledi Macbeth. Ond, w'chi be sy'n rhyfadd. Y dwrnod wedyn ailymddangosodd Ledi Offilia yn 'i chynefin. Dyna lle'r oeddan nhw, medda Anti Jam, am y gora yn ceisio gwthio'i gilydd allan o'r gwely. Fe ddaru 'rhen ddyn gynnig ceisio gwerthu unrhyw un o'r ddwy, yn y gobaith y basa fo'n gneud ciniog ne ddwy arall allan o'r busnas rhyfadd, ond câl 'i wrthod nâth o.

Erbyn hyn ma' Stifyn wedi gorfod bodloni hefo'r syniad y bydd yn rhaid iddo gâl benthyg pres os ydy o'n mynd i brodi yn y gaea. (A mi fydd yn rhaid iddo, o achos ma' Jean Louise a 'rhen foi yn pwyso arno fo.) Fel y deudodd o, ma' 'na un ne ddau o fancia nad ydy o wedi pwyso arnyn nhw eto. O, a gyda llaw, ma' Ledi Offilia yn disgwyl. Mi fydd yn ddiddorol câl gwbod ai hannar teriar fydd o, ynta rhwbath arall.

Y Briodas

Mi ddaru Stifyn Watsys lwyddo i werthu hannar 'i fusnas i fewnfudwr o Kent oedd wedi gwerthu 'i dŷ 'i hun am ffortiwn a hannar. Roedd y dyn diarth yn methu â gwbod be i' neud hefo'r ffortiwn oedd yn weddill ar ôl gwario'r hannar ar brynu plas mewn jyngl yng nghanol y wlad. Tasa Edward Steinbeck — dyna oedd enw'r mewnfudwr — wedi holi pobol broffesiynol fel Mirin Ali, dyn gwerthu dillad o Bacistan, mi fasa wedi câl gwbod bod 'na ffordd ratach o lawar o gâl gafal ar fusnas.

Captan llong fferi sy'n mynd 'nôl a 'mlaen rhwng Dover a rhyw le yn Ffrainc oedd Edward Steinbeck cyn iddo fynd â'r llong yn ôl 'radag pan ddyliai hi fynd ymlaen. Mi roddodd y llong gythral o hergwd i'r cei, a'r canlyniad oedd miloedd o bunnoedd o gollad i'r cwmni a chyfla i'r Captan ymddeol ar bensiwn llawn. Mi werthodd 'i dŷ fel deudis i cynt, ac mi ddâth yn sgweiar llawn amsar yn y wlad.

Studio coed a thrwsio clocia a watsys ydy dau hobi mawr y Captan, yn ôl Stifyn. Tasach chi'n mynd i'r jyngl o gwmpas y Plas unrhyw ddwrnod o'r wsnos ar ôl brecwast, mi fasach chi'n 'i weld o'n edrach drwy chwyddwydr ar forgrug yn dringo i fyny briga. 'I obaith wrth brynu hannar busnas Stifyn oedd câl cyfla i droi 'i law at drwsio watsys cwsmeriaid. Gaea ydy hi o hyd, a nes daw'r ha' wnaiff Edward Steinbeck ddim darganfod nad oes 'na angan trwsio watsys Stifyn Watsys. Fel arfar ma'r rhan fwya ohonyn nhw'n câl strôc farwol ymhell cyn cyrradd 'u blwydd oed a does 'na ddim doctor watsys yn y byd fedar 'u mendio nhw wedyn.

'Edward pwy?' gofynnodd Jean Louise pan ddeudodd Stifyn ma' fo fasa'r dewis ddyn, y gwas prodas felly.

'Steinbeck,' medda Stifyn. 'Y *bloke* ddaru brynu hannar busnas fi.'

'I be santi isio dyn hefo enw digri fel'na yn was prodas?' gofynnodd Jean Louise.

'*Potential! Potential, girlie!* Ma' ganddo fo pres, lot o pres.'

'Ma' gin Caradog bres hefyd ac ma' gin i isio prodi yn 'reglwys.'

'*No way! No way!* Dim *minister*. Reji Offis ac Edward ne ddim!' medda Stifyn, gyda nodyn terfynol yn 'i lais.

'Na wnewch wir!' medda Mam. 'Newch chi ddim prodi fy merch fenga mewn *Register Office*. A chewch chi ddim prodi mewn eglwys hefo'r hen Garadog yna'n was chwaith! Ma' Mistyr Jôs Gweinidog yn ddyn caredig iawn. Dyn golygus hefo wêf neis yn 'i wallt. Fe gaiff Jean Louise brodi mewn gwyn yn y capel.'

'Ma'n rhaid i mi gâl Caradog!' medda Jean Louise. Ma'n ymddangos 'i bod hi a'i fam o wedi bod yn sgwennu 'nôl a 'mlaen at 'i gilydd — i be 'dwn i ddim — a bod honno wedi deud ma' Jean Louise oedd 'y ferch-yng-nghyfraith ddelfrydol' na fasa hi byth yn 'i châl bellach. (Yn ôl pob golwg mi fydd yn rhaid iddi neud y gora o Hymffri.) O ia, a ma' hi wedi deud bod ganddi set o lestri coffi yn anrheg brodas i Jean Louise, un sy wedi'i phrynu yn lle'r George hwnnw oedd yn brif weinidog rywdro yn oes yr arth a'r blaidd. Ma'n debyg 'i fod o, ne 'i deulu, yn cadw siop lestri yn Criciath a'u bod nhw wedi câl Sêl Cau Lawr a bod mami Caradog wedi câl bargan.

Dyddiad y brodas ydy'r ugeinfad o Ragfyr. Mi fydd

yn Ddolig hir! Yn barod ma' 'na restr fel 'mraich i o lyshars, teulu ni, ffrindia 'rhen ddyn, ffrindia Mam a ffrindia a theulu Stifyn. Ma'r rhestr gyflawn wedi'i sgwennu mewn copi-bwc coch Wlworth. Noson o'r blaen mi fuo Mam wrthi am oria yn trio cofio lle ma' 'i phlant hi i gyd. Ma'r un sy'n Affrica wedi mynd ar gamal i rwla ac wedi anghofio gadal 'i gyfeiriad ar ôl.

'Ym mhle?' gofynnodd 'rhen ddyn pan glywodd o enwi Horace, yr hyna.

'Yn edrach ar ôl y llyn ym Mlaena Ffestiniog, i'r C.E.G.B.'

Dyna waith fasa'n fy siwtio i i'r T. Golchi 'nhraed yn nŵr 'rafon bob dydd er mwyn gneud yn siŵr bod o'n dal i fod yno.

Mi ddaru Caradog a'i fami dderbyn yn syth bin ac mi ddâth 'ratab mewn bocs pren mawr hefo llestri coffi 'rhen George. Fe wnes i ofyn i Mam oedd dyn llestri yn perthyn i'r George Best hwnnw fuodd yn chwara ffwtbol cyn mynd yn *MP* dros Sir Fôn, ond nâth hi ddim byd ond chwerthin.

'Roedd o'n gwbod be 'di be hefo'i lestri, eniwê,' medda 'rhen ddyn.

'Hy!' medda fi. 'Ma' 'na grac enfawr (Dyna chi air da, Mus Jôs Welsh!) yn un ohonyn nhw.'

'A, boio,' medda fo. 'Y crac yna sy'n profi mor hen ydyn nhw! Edrach ar 'i liw o! Brown tywyll. Fasa neb yn medru copïo crac fel'na. Os leci di, wertha i nhw drostat ti, Jean Louise. Am elw i ti.'

'*No chance!*' medda Stifyn. 'Fi ydy'r breidgrŵm. Gin i ma'r *say!*'

'Does 'na neb yn mynd i werthu presant prodas fi, ne fydd 'na ddim prodas!' bygythiodd Jean Louise. Ma' ganddi hi ddigon i' ddeud drosti'i hun pan fydd angan.

Mi dawodd 'rhen ddyn a'r priodasfab fel tasan nhw wedi câl 'u saethu ar yr un pryd hefo'r un fwled.

'A ma' gin i asgwrn i grafu hefo ti hefyd, Henry.' Be ydw i wedi neud iddi hi? Dim!

'Dwyt ti'n gneud dim yn brodas.' Wel, dyna ni ta! Iawn. Rydan ni'n cyd-weld ar y pwynt yna.

'A ma'n rhaid i ti neud rhwbath!'

Byta, yfad dipyn bach — dipyn bach go lew ella — chwerthin, taflu conffeti . . .

'Mi wn i. *Usher!*'

'Y?'

'Dyn yn deud wrth bawb ble i ista.'

'O . . .'

'A mi gei di ddŵad â dy ffrind fach i gadw cwmni i ti ac i dy helpu di. Be 'di'i henw hi hefyd?'

'Pwy?'

'Elisabeth . . . ym . . . Sparkles.'

O, Duw annwyl, naci! Dim honno! Does gin i ddim i' ddeud wrthi hi a does ganddi hitha ddim i' ddeud wrtha i. Mi sbwylith y brodas i mi!

'Mi wna i ofyn iddi hi os wyt ti'n rhy shiei. Ma' hi'n gwithio yn siop lle bydda i'n câl trin fy ngwallt.'

'Ia, gwna di, 'merch i!'

Tydy hi, Mam, rioed yn fy erbyn i hefyd? Tasan nhw'n gwbod bod honna bron, bron wedi difetha fy mywyd i, mi fasan nhw'n newid 'u meddylia. Fe fydd yn rhaid i mi feddwl am fynd yn sâl y dwrnod hwnnw . . .

Roedd Mam wedi bod yn gweddïo am dywydd braf — medda hi — am wsnos gron gyfa', a phan wawriodd y dwrnod, dychmygwch be, roedd hi'n bwrw hen wragedd a ffyn, Yncl Tom Cobli a phawb, ac roedd hi'n gythreulig o oer. Fe allech weld y glaw hefo help y gwynt yn dobio'r coed diarth 'na sy'n South Parade a gneud i'w briga nhw blygu at y llawr fel bocsar o dan bwysa. Roedd 'rhen elyrch hynny fydda John Deric yn bledu yn yr harbwr yn edrach yn llwyd ac yn fudur fel tasan nhw angan câl 'u sgrwbio mewn dŵr a sebon ac roedd 'na donna fel eliffantod yn ymosod ar walia cerrig yr harbwr. Rhwng popeth, biti na faswn i wedi aros yn fy ngwely!

Ar ben hynny, pan ddâth hi'n amsar brodas, roedd y pâr pwysig yn hwyr yn cyrradd. Er mwyn arbad arian roeddan nhw wedi mynd hefo'i gilydd — a 'rhen ddyn hefo nhw — yn car Stifyn. Ddaru Stifyn adal i gyfarwyddiada Mam fynd i mewn drwy un glust ac allan drwy'r llall. Felly bydd o, yn meddwl 'i fod o'n hollwybodol! Pan âth o ar goll doedd 'rhen ddyn na Jean Louise chwaith yn medru 'i helpu fo, am na fuon nhw rioed mewn unrhyw gapal o'r blaen.

Yn y cyfamsar, roeddwn i'n sefyll yn sidêt yn y drws hefo Elisabeth (Bympi) yn barod i rannu rhaglenni a dangos seti i'r bobol. Duwcs, mi ddaru 'na un ne ddau o betha go ryfadd fy nhrawo i yn y fan a'r lle hwnnw. Doedd Elisabeth ddim hannar cyn dalad ag yr oedd hi tro dwytha y gwelis i hi ond roedd hi'n ddelach o dipyn go lew. Bron, bron i mi ofyn cwestiwn, 'Ydy rhai pobol yn mynd yn llai wrth fynd yn hŷn?' ond mi sylweddolis i beth oedd wedi digwydd. Fi oedd wedi tyfu. Rydw i'n un ar bymthag erbyn hyn ac 'ar fy mhrifiant', chwadal Mam. Ac y mae Elisabeth yn ddel. Ydy, y mae hi'n ddel! Bron cyn ddelad ag Annwyl Haf.

'Gawn ni fod yn ffrindia?' gofynnis iddi gan deimlo 'mocha'n cochi 'run pryd. Fel fala cocsys! On'd oeddwn i mewn lle cas?

'Be ti'n feddwl?' gofynnodd gan sbio dan 'i haelia' braidd yn flin arna i, er 'i bod hi'n chwerthin eiliada 'nghynt.

'Gawn ni wenu ar ein gilydd weithia a deud bod hi'n braf wrth fynd heibio ar stryd?'

'Be! A hitha'n treshio bwrw, fel heddiw?'

'Naci, gwirion! Rwyt ti'n gwbod yn iawn be dwi'n feddwl.' Roedd hi'n methu â chadw wynab syth, ac wrth weld hynny roedd fy hydar inna'n tyfu.

'Ffrindia ta,' medda hi gan roi pwniad bach chwareus i mi yn fy ysgwydd. Mi gododd fy nghalon i fy ngwddw gan fygwth fy nhagu.

'Ond dim hen lol wirion fel tro dwytha,' medda hi wedyn gan edrach yn ddifrifol iawn. 'Gawn ni weld!' medda fi wrthaf fy hun.

O ddifri rŵan, mi fydd yn rhaid i mi dynnu fy mysadd o'r blew, hynny ydy os gwna i dro pedol a llwyddo i gâl hon yn gariad a'i chadw hi wedyn. Ma' hi'n un deg saith oed ac yn gwithio llawn amsar mewn siop drin gwalltia. Ella ma'r newid yn 'i gwallt sy'n gyfrifol am y newid mawr yn 'i delwedd . . . A finna'n dal i fod yn 'rysgol! Hogyn bach yn byw ar gildwrn oddi wrth 'i fami!

Roedd Captan Steinbeck ar fin trefnu criw i fynd i chwilio am y bobol bwysig pan ddaru nhw gyrradd. Hannar awr yn hwyr! Tasan nhw wedi methu â dŵad bryd hynny, mi fasa hi'n o ddrwg arnyn nhw, yn gorfod disgwyl i Captan ffendio'i berings. Fel roedd hi, ma'n nhw'n siŵr o fod yn haeddu câl 'u cofio am fod y pâr cynta i redag lawr yr ale law yn llaw. Sôn am dorri record, ma'n debyg ein bod ni fel teulu wedi torri sawl un y dwrnod hwnnw. Roedd atab Stifyn i un o gwestiyna'r sgethwr yn un na chlywodd neb 'i debyg rioed o'r blaen.

'A gymeri di y ferch hon . . . (ac yn y blaen),' medda'r boi, gan ddefnyddio'r geiria blodeuog arferol.

'*You bet!*' atebodd Stifyn fel bwlad allan o wn gan roi sws i Jean Louise drwy'r feil. Ella'i fod o'n meddwl bod y seremoni ar ben a fynta'n rhydd i neud fel fynno fo.

'Ymataliwch, ddyn!' medda'r sgethwr yn flin.

'Fi ddim yn talu i ti!' medda Stifyn. 'Henry (hynny ydy 'rhen ddyn) yn talu. Fo tad hi.'

Chwara teg i Stifyn, fe nâth ymdrech i ddiolch yn ddwyieithog.

'Diolch i Henry am merch ac i Mam hi am berio hi. Diolch i Jean Louise am roi 'i bodi i mi . . .'

'Hyfryd!' medda Hymffri gan brin gyffwrdd 'i lygid hefo hancas bocad a rhosus cochion arni hi.

'And a vote of thanks to Captan Steinbeck R.N. for floating my ship of marriage!'

Ma' Stifyn a Jean Louise wedi mynd i'r Seychelles ar 'u mis mêl, ac ma' Stifyn wedi mynd ag un ne ddwy — ella mwy — o watsys o gwmpas 'i ganol. Ma' Caradog wedi mynd adra hefo'i fami a Hymffri. Gŵr gwadd munud dwytha oedd Hymffri. Dyna pam, ella, roedd o'n gwisgo trowsus pinc, blesar ddu a chôt fawr a het wedi'i gneud o frethyn nefi-blw gola. Mi ges i ista wrth ochor Elisabeth yn ystod y bwyd. Wir yr, roedd pawb wedi'u mwynhau 'u hunain yn wych! Pawb ond Mam . . .

Unigrwydd

Mam a'u gwelodd nhw gynta. Roeddan nhw'n gorweddian yn 'rhen gwt 'na sy'n rhyw fath o swyddfa iddo fo yng ngwaelod 'rardd. Fo a hi hefo'u breichia a'u coesa yn cordeddu i mewn ac allan o'i gilydd a nhwtha ar rŷg goch yng nghanol yr holl annibendod. Os edrychwch arni hi o'r tu ôl ar stryd, welwch chi bâr o goesa siapus, corff hogan hannar 'i hoedran a gwallt melyn yn llifo i lawr dros 'i hysgwydda. Doli baent a phowdwr fuodd hi rioed meddan nhw, ond ma'r blynyddoedd wedi cracio a melynu croen 'i hwynab ac y mae oes o smygu wedi gadael 'i dannadd 'run lliw â chanol ŵy. Mi fuodd hi'n gariad i rywun rywdro, ella. Hen wrach ydy hi rŵan, corff ar fenthyg i unrhyw un fedar dalu'i phris, a dydy hwnnw ddim yn ddrud, meddan nhw.

Mi ddaru 'rhen ddyn gilio i'r gornal a thrio cuddio'i noethni o dan ryw hen gôt fawr racsiog. Nâth hi ddim cymyd arni ein bod ni yno o gwbwl. Cerddodd o gwmpas yn bowld i gyd gan neud sioe o'i hen fronna a'i hen flewiach, yn union fel tasan ni — Mam a fi — yn tarfu arni hi ac nid fel arall rownd.

Roedd Mam yn sefyll fel delw o'u blaena. Doedd hi'n deud 'run gair o'i phen. Dyna a ddychrynodd 'rhen ddyn. Roeddan nhw wedi ffraeo o'r blaen, sawl gwaith, wedi trawo'i gilydd ac wedi cymodi, ond doedd hi rioed wedi edrach trwyddo fel tasa fo'n ddim ond awyr.

'Dydy hi'n ddim i mi, Cêt! Ar fy marw!' gwaeddodd

gan grebachu fel clwt newydd gâl 'i wasgu'n grimp. 'A ches i ddim . . . Dim, wyt ti'n clywad! Ches i ddim . . . Mi fethis i'n llwyr.'

'Mae o'n deud y *gospel truth* wrthach chi, mach i,' medda'r bitsh. 'Mi fasa mynach wedi gneud cystal job!'

'Chdi ydw i'n garu, Cêt!' medda fo'n gryg fel gwylan fôr wedi câl annwyd. 'Chdi faswn i'n ddewis i fod yn fan'ma hefo fi. Ond fedri di ddim . . . Ac mi ddôth 'na ryw hen awydd drosta i. Mi fedri di ddeall hynny, siawns.'

Roedd hi, y gloman, wedi gorffan gwisgo'i dillad aflan pan droes at Mam i roi 'i chyllall fudur ynddi.

'Diolchwch, cariad, diolchwch am 'ych bod chi wedi llwyddo i ddal gafal arno fo a heb 'i golli fo i mi.' Mi gododd Mam un fraich i fyny i 'rawyr hefo'r llaw yn agorad fel tasa hi ar fin 'i thrawo yn 'i hwynab. Ne ella nad oedd hi'n mynd i neud dim ond dangos y ffordd iddi fynd o'i golwg am byth. Dwn i ddim, a cha i byth wbod, o achos fe ddisgynnodd 'i braich i lawr yn llipa ac fe droes ar 'i sawdl a diflannu'n ôl i gyfeiriad tŷ ni.

Doedd 'na fawr o bwysa arno fo pan afaelis i ynddo gerfydd 'i wddw a'i grogi yn 'rawyr gan adal i'w draed ysgwyd o ochor i ochor fel pendil cloc wyth niwrnod Ledi Elin, Capal Einion. Dim ond hen bumpyl bach o ddyn ydy o wedi'r cyfan, y peiriant hau hada 'ma ddaru gychwyn fy rhawd i yn y byd. Prin 'i fod yn cwffio yn erbyn 'i dynged. Ac yna mi wawriodd arna i . . . Ella'i fod o isio marw. Isio talu'i ddyled ac isio câl 'i gosbi. Os felly, roedd o'n câl dianc yn rhy rwydd o'r hannar. Yr eiliad y penderfynis i hynny, mi gollyngis i o'n fwndal diymadferth ar lawr ac mi boeris ym myw 'i lygad.

Mam oedd yn bwysig! Gwastraffu f'amser roeddwn i hefo'r diawl drwg. Ar 'i hôl hi y dyliwn i fod wedi mynd ar y dechra un. Erbyn cyrradd y tŷ roedd y drws cefn . . . a'r drws ffrynt, yn llydan agorad! Rhuthris i fyny'r grisia. Doedd hi ddim yno chwaith.

Allan ar y stryd fawr roedd y ceir yn gwibio, gwibio fel tasan nhw'n poeni dim am be oedd o'u blaena nhw. Yn poeni dim am fory nac am bobol! A'r haul yn twynnu fel tasa'r byd yn berffaith. A'r dyn llnau strydoedd, yn ôl 'i arfar, yn cymyd pum munud i astudio'r awyr â'i bwysa ar goes 'i frws bras. Mi es i ato fo a gofyn,

"Welsoch chi ddynas yn mynd yn wyllt i rwla?" Roedd fy mhoer bron, bron â fy nhagu.

'Welis i rioed ddynas yn mynd yn ara deg. Ma'n nhw ar drana, pob un wan jac ohonyn nhw.'

'Argol, taswn i isio atab comidian mi faswn wedi mynd at gomidian go-iawn!'

'Aros! Aros! Rwyt ti fel matsan. Mab John Henry wyt ti, yntê?'

'Ia . . .'

'A ma'i fisus o'n fam i ti?'

'Wel ydy, debyg iawn!'

'Mi gwelis i hi'n stympio mynd i lawr North Road fel tasa 'na bac o Rottweilars ar 'i sodla hi.'

Ma' North Road yn arwain i lawr i'r harbwr! Dyna'r neges a fflachiodd ar frys gwyllt o f'ymennydd i lawr i fy nwy goes. Taswn i ddim wedi aros i hannar grogi 'rhen ddyn ella y baswn i wedi'i dal hi erbyn hyn. Pam y gwnes i wastraffu munuda prin hefo fo? Mi redis nerth fy nhraed i Harbwr y Llonga Plesar. Doedd hi ddim yno. Stryffaglis ar hyd yr Hen Gei. Roedd yno ryw hanner dwsin o ddynion yn pysgota a thri hogyn bach yn cicio pêl. Cyrhaeddis Lan Môr Crachach. Fan'no y mae pob gwesty pedair seren a phob tŷ byta moethus sy'n dre. Doedd 'na ddim enaid byw bedyddiol ar gyfyl y tywod. Doedd hi ddim yn ddigon cynnas i hudo'r crachach 'nôl o Sbaen!

Be oeddwn i'n mynd i' neud? I ble y gallwn i droi nesa? Ddyliwn i ddeud wrth yr heddlu?

Ac yna mi gwelis i hi. Roedd hi'n cerddad i ganol y tonna. Heb 'run cerpyn o ddillad amdani! O na fasa gen i adenydd i 'ngharió i lawr ati ynghynt! Hyrddis fy hun ymlaen ac ymlaen nes roeddwn yn sefyll ar fin y dŵr. Roedd y llanw ar drai! Cicis fy sgidia oddi ar fy nhraed a dal i redeg i ganol y tonna. Roedd y dŵr bron at 'i chanol pan afaelis yn un o'i breichia a'i throi i'm hwynebu. Doedd 'na ddim neges o adnabyddiaeth yn 'i llygid na'r un gair yn brwydro i dorri llinell fain 'i gwefusa.

'Mam! O, Mam fach!' Dyna'r unig sŵn, sŵn fy llais i fy hun, a allwn 'i glywed wrth 'i halio hi allan gerfydd 'i breichia.

Arhosis ennyd ar y traeth i'w hanwylo — fan'no yn 'i noethni. Cerddodd pâr ifanc gyda theriar bach swnllyd heibio i ni. Gallwn deimlo'u llygid arnaf, yn chwerthin yn ynfyd, lonydd yn 'u penna. Roedd 'i dillad yn fwndal destlus tua decllath uwchlaw llinell y llanw. Wrth wisgo amdani gora fedrwn i, roeddwn yn sibrwd 'rhen eiria bach o galondid fydda Mam yn 'u deud wrtha i flynyddoedd yn ôl. Drwy lygid llawn dagra syllais ar 'i thrueni. Ar gnawd llipa afiach a blygai'n wrymia llac dros y fan lle y dylai un o'i bronna sefyll, yn efeilles berffaith i'r llall.

'Os leci di, mi af â hi adra hefo mi i Dŷ Capal Einion,' medda Elin wrtha fi yn y tŷ y dwrnod wedyn gan anwybyddu 'rhen ddyn oedd yn ista yn 'run stafall.

'Pidiwch! Pidiwch â mynd â hi i ffwrdd!' ymbiliodd ynta. 'Mi fydda i farw os ewch â hi i ffwrdd!'

'Mi ddyliat ti fod wedi meddwl am hynny ymhell cyn heddiw,' medda fi'n gas. Os nad oeddwn yn mynd i'w ladd o, mi faswn yn 'i frifo fo mewn ffordd arall. 'Rwyt ti wedi gneud dy wely rŵan. Dos i orwadd ynddo fo!'

Dydd Sul mi es i edrach am y ddwy. Roedd Elin wedi

gwisgo amdani hi, fel pin mewn papur, ac wedi mynd
â hi i'r capal yn y bora. Roedd y tŷ yn ogleuo o gig rhost
a thatw a phwdin reis. Mi steddis i lawr i'r pryd gora ges
i rioed. Elin oedd yn 'i bwydo hi. Tasa honno ddim yn
'i bwydo hi fasa hi ddim wedi byta'r un tamad. I bob
pwrpas Elin oedd 'i mam hi a hitha'n fabi bach. I Elin
y gofynnis i a gawn i fynd â hi am dro.

'Awn ni i fyny Lôn Gwaith,' medda fi gan halio yn 'i
braich hi. Ddeudodd hi ddim 'ia' na 'naci'. Roedd hi'n
well dwrnod na'r un pan fues i ar hyd y lôn honno o'r
blaen yng nghwmni Taid.

'Ar y poncia acw y buodd Robat yn gwithio, w'chi,'
medda fi wrth geisio tynnu ymateb o ryw fath. Nâth hi
ddim deud dim, dim ond dal i syllu'n syth o'i blaen fel
tasa hi'n gweld bwgan yn y cymyla uwchben Ynys Môn.
Ar ôl sefyll yn fan'no am ddeng munud yn edrach i nunlla,
fedrwn i ddim meddwl am destun i sgwrsio amdano.
Doedd 'na ddim amdani ond deud, 'Awn ni'n ôl ta.'

Y munud y cyrhaeddon ni'r tŷ âth i eistedd wrth ochor
Elin, er bod cadar wag arall yn nes ata i ac ati hitha.

'Mi ddoi di i fyny 'ma eto 'mhen 'rwsnos,' medda Elin
pan ddâth hi'n amsar i mi ddal y bws.

'Gnaf, er na wn i ddim i be. Ma' hi fel wal, yn fud a
byddar.'

'Wyddost ti ddim,' medda 'rhen ledi gan neud wynab
doeth dynas sy'n deud ffortiwn a byw ar obaith. 'Un o'r
diwrnoda nesa 'ma, pwy a ŵyr . . .'

Roedd 'rhen foi wedi gwisgo'i ddillad gora pan
gyrhaeddis i adra, ac roedd 'na fisgedi Marie, a chaws
arnyn nhw, a bisgedi sioclad ar y bwrdd. Mi wrthodis y
cwbwl. Doedd gin i ddim isio bwyd.

'Sut ma' hi?' gofynnodd o'r diwadd, yn ddiddordab
i gyd ond wedi dal yn ôl am yn hir rhag ofn i mi fyta'i
ben o.

'Dim gwell o fod wedi dy nabod di! Rwyt ti wedi'i gneud hi'r tro yma! Rwyt ti wedi lladd 'i hysbryd hi.'

'Ond wnes i ddim twtshiad blaen fy mys ynddi hi!'

'Yn fan'ma rwyt ti wedi'i brifo hi,' atebis gan bwyntio at fy mhen. 'A dydy hi ddim yn debyg o wella, byth!'

Fe ddisgynnodd blancad o ddistawrwydd ar y stafall wedyn. Dyna lle'r oeddan ni, fi yn edrach fel teigar arno fo a fynta fel un o anifeiliaid bach diniwad y jyngl, yn methu â gwbod ble i ddianc. Mi benderfynis yn y diwadd y baswn i'n mynd allan a'i adal o i stiwio uwchben y llanas roedd o'n gyfrifol amdano.

Roedd gin i arian yn fy mhocad. Rwy'n chwara i dîm cynta'r dre ac ma'n nhw'n talu'n dda. Mi es i chwilio am Elisabeth ond doedd hi ddim adra. Arna i ella y mae'r bai, yn methu â dangos digon o ddiddordab ynddi hi ar hyn o bryd. O.K., fel'na ma' hi ac fe fydd yn rhaid i mi newid tac. Ma' 'na dafarn ar bwys Rhen Gei, un enwog am fod môr-ladron wedi heidio yno rywdro, tasa waeth am hynny. Ma'n nhw'n enwog hefyd am adal i hogia o dan oed brynu diod, yn enwedig os ydyn nhw'n dal ac yn llydan fel fi.

Roeddwn i'n chwil ulw gachu pan lithris i ar y tywod. Gorweddis yno am amsar hir, hir. Ella na faswn i wedi codi eto oni bai i ryw fwngral ddŵad heibio a llyfu fy wynab. Roedd 'i wynt yn drewi'n gythreulig, yn waeth na fy un i, siŵr o fod! Stumog ddrwg ma'n debyg. Am nad oedd arnaf angen mwy o'i gydymdeimlad llwyddis i neud un ymdrech fawr i godi ac ymlwybris adra rywsut, rywfodd. Doedd yno neb ond 'rhen ddyn i'm helpu i fynd fyny grisia i'm gwely. Fedrwn i ddim bod wedi'i ddarganfod o ar fy liwt fy hun. Fo hefo'i hen dicar bron wedi gwisgo'n dwll a finna, rêl lob gwirion, wedi trio boddi fy unigrwydd. Fo wedi bradychu pawb oedd yn 'i garu fo, hyd yn oed 'i fam 'i hun, a finna . . O'r un boncyff yn ôl pob golwg.

Fan'no roeddwn i beth bynnag pan ddôth y bora. Fan'no a'm ceg yn llawn o flas cythreulig y noson cynt a fy mhen ar dorri'n dipia, mi wnes i benderfyniad ne ddau cyn mynd yn ôl i gysgu. Mi benderfynis yn gynta na faswn i byth eto yn mynd i hel diod. Yn ail, mi faswn yn cymodi i ryw radda hefo 'rhen ddyn. Mewn gwirionadd does 'na ond y ddau ohonon ni ar ôl rŵan — blodyn i'w edmygu, a dim byd arall, ydy Mam. Yn drydydd, mi faswn yn gneud 'y ngora yn rysgol o hyn allan er mwyn câl llwyddo, câl gwaith iawn a châl troi fy nghefn ar y lle 'ma am byth. Gobeithio y medra i gadw'r penderfyniada. Dim ond gobeithio!